«*Haz que todo hombre te quiera* es mucho más que un libro sobre relaciones: es un compendio de elementos motivadores destinado a mujeres de todas las edades y estilos de vida. Soy la presentadora de *Web Sorority Talk Radio*, y por esa razón a menudo oigo a muchas emprendedoras comentar que desearían llegar tan lejos en el amor como lo han hecho en los negocios. Este libro enseña a la mujer a dejar de centrarse en sus pequeños defectos para celebrar sus puntos fuertes. Y ya esté soltera o tenga pareja, gracias a esta lectura accederá a su poder verdadero, ¡y empezará a sentirse genial!»

LYNNE KLIPPEL, autora de *Web Wonder Women*
y presentadora de *Web Sorority Talk Radio*
(websororitytalkradio.com)

«¡Un libro brillante! Simple, y al mismo tiempo increíblemente profundo. Si estás buscando ser una mujer deseable mientras desarrollas tu seguridad personal, devora cada palabra de *Haz que todo hombre te quiera*; ¡te entusiasmará! Y, además, disfrutarás de grandes beneficios durante años.»

PEGGY MCCOLL, autora de *Your Destiny Switch*,
éxito de ventas incluido en la lista del *New York Times*

«Por fin [...] un libro que demuestra que entablar una relación auténtica con una misma es la clave para mantener relaciones estupendas con los demás. Los conceptos que divulga *Haz que todo hombre te quiera* me han ayudado a desarrollar una conciencia mucho más positiva y fuerte de mí misma, lo cual modificó de inmediato y de manera notable la dinámica de mis relaciones personales.»

KENDRA TODD, ganadora de *The Apprentice** (3.ª temporada),
autora del éxito de ventas *Risk & Grow Rich* y presentadora de
My House is Worth What?, de HGTV.

«*Haz que todo hombre te quiera* resulta muy agradable de leer y se convierte en un magnífico texto de iniciación para cualquier mu-

---

* Programa de televisión estadounidense en el que varios empresarios compiten por mucho dinero y un contrato para dirigir una gran empresa. *(N. de la T.)*

jer que desee sentirse genial y alcanzar mejores resultados en todas las áreas de su vida. No creas que se trata de un libro para conseguir pareja. Por el contrario, deberías considerarlo una herramienta para comprometerte con una forma de vida más positiva.»

David Greenwalt, autor de The Leanness Lifestyle
(leannesslifestyle.com)

«Soy psicoterapeuta y he pasado años de mi vida enseñando a otras personas a superar sus bloqueos en las relaciones. Marie ha dado en el clavo y su libro ofrece a las lectoras las herramientas para conectar consigo mismas, lo cual resulta básico para sacarle más provecho a la vida. ¡Un libro genial!»

Donna Fish, licenciada en trabajo social clínico y autora
de Take the Fight Out of Food (takethefightoutoffood.com)

«Tu libro me ha deslumbrado. Es *fabuloso*, una bocanada de *aire fresco*… ¡Tanto, que siento que me has dado permiso para respirar! La libertad que transmitirá este libro a quienes lo lean es asombrosa. Y se trata de un texto obligado para *todas* las mujeres, ya tengan un hombre en su vida o no. Gracias por tu increíble trabajo y hermoso corazón, Marie. La lectura de *Haz que todo hombre te quiera* me ha transformado y conmovido profundamente, y ya me siento preparada para dejar salir mi yo más irresistible las veinticuatro horas de todos los días del año.»

Lynn Rose, cantante motivacional, conferenciante
y presentadora de radio y televisión (lynnrose.com)

«¡Qué herramienta tan fantástica y necesaria para todas las chicas que necesitamos una buena palmadita en nuestra autoestima! Yo soy la Reina de las Angustias, así que me encanta saber que estoy fenomenal tal como soy, y que relajarme no es una opción para desarrollar mi lado irresistible…, ¡sino un requisito indispensable!»

Brett Jackson, maquilladora de modelos y celebridades

«Mi marido se sorprendió cuando leyó el título del libro, *Haz que todo hombre te quiera*... Sin embargo, ahora ha cambiado de idea. Las técnicas aparentemente simples (pero tremendamente poderosas) que plantea Marie encendieron una chispa inesperada en nuestro matrimonio de siete años y medio de duración. No te miento: lo que aprenderás dejará encantado a cualquier hombre..., e incluso es posible que descubras algunas cosas nuevas sobre ti. ¡Un libro excelente!»

LORRIE MORGAN-FERRERO, experta en derechos de autor
y directora general de redhotcopy.com

«Si estás preparada para elevar tu CI (Cociente Irresistible), esta lectura rápida y entretenida te ayudará a convencerte de que eres una mujer irresistible, y tu nueva actitud atraerá a los hombres hacia ti como si fueses un imán. ¡Y por si esto fuera poco, si aplicas estas irresistibles estrategias a tus negocios, es posible que consigas también clientes irresistibles!»

LYNN PIERCE,
creadora de Women's Business Empowerment Summit
(womensbusinessempowerment.com)

«Soy entrenadora personal y todos los días oigo hablar sobre problemas de relación, así que me encanta Marie Forleo porque enseña a las mujeres a superarlos. ¡Nos hace ver que el balón está siempre en nuestro campo! Su libro, *Haz que todo hombre te quiera*, es divertido y optimista: ¡sin lugar a dudas, merece la pena!»

ELLEN BARRETT, autora de *Sexy Yoga* y *Weights for Weight Loss*

«*Haz que todo hombre te quiera* es realmente fantástico y sincero; todas las páginas encierran perlas de ingenio y diversión. Después de sufrir el síndrome del patito feo, conseguí aplicar este método para transformar mi vida, descubrir mi propia belleza y sentirme lo bastante segura como para resultar sexy, ¡gracias lo cual he conseguido sorprendentes resultados a la hora de ligar en Nueva York!»

FERNANDA FRANCO, diseñadora gráfica y artista
(fernandafranco.com)

«Un libro estupendo para todas las mujeres, tengan pareja o no. Recomiendo fervientemente su lectura y la puesta en práctica del material aquí ofrecido. No podría estar más de acuerdo con la información incluida en sus páginas, ¡así que espero ansiosamente poder aplicarla en mi propia vida!

HEIDI SELZ, cofundadora de divaschool.com

«Salgo con muchas mujeres diferentes y puedo asegurar que si alguien sigue los consejos de Marie y se convierte en la mujer que la autora describe, resultaría increíblemente atractiva. Lo que Marie explica es que la mujer tiene que mostrarse profunda e intensamente *viva*. Y a todo el mundo le atrae la vitalidad; es inevitable. Este libro es mucho más que un catálogo de estrategias para conseguir pareja: es un manual para conectar con los tesoros más profundos de la vida.»

WILL MORRIS, asesor financiero de CFM

«*Haz que todo hombre te quiera* transformará profundamente la forma en que piensas y actúas en tus relaciones… y en tu vida. Las eficaces técnicas que enseña Marie para experimentar el verdadero amor, la conexión auténtica y el bienestar personal son pura magia. Si deseas conocer el secreto para ser una verdadera ganadora en el amor y en la vida, lee este libro ahora mismo.»

EDWARD HALLOWELL, autor de los éxitos de ventas
Crazy Busy y *Delivered from Distraction*

«¡*Haz que todo hombre te quiera* es fantástico! Me han encantado todas y cada una de sus partes, y ahora me siento fuerte y feliz conmigo misma y con el mundo que me rodea. Estoy leyéndolo casi a diario porque lo llevo en el bolso a todos lados. Este libro realmente cambió mi vida. Y explica cosas que todas las mujeres tienen que saber. ¡Gracias por escribirlo!»

SILVANA JIVKOVA, emprendedora, Londres (Inglaterra)

«Nunca te agradeceré lo suficiente que hayas escrito un libro como este. Debo decir que es una de las mejores inversiones que he hecho jamás, y que tu trabajo me ha abierto los ojos para descubrir la vida que siempre he querido vivir. Ahora me siento realmente satisfecha con mi vida, y aquellos problemas sin sentido del pasado, sobre los que no ejercía ningún control, ni siquiera cruzan mi mente. Espero ansiosamente nuevo material. Y, una vez más, ¡gracias!»

Andrew Mayne, Victoria (Australia)

«¡Este libro ha cambiado mi vida por completo! He conseguido dejar de luchar por salir adelante cada día para, casi sin esfuerzo, dedicarme a crear lo que en verdad deseo para mi vida. Los cambios son sorprendentes, pero más notable todavía es la velocidad a la que mi vida se ha transformado. *Haz que todo hombre te quiera* es mucho más que un libro sobre relaciones: es una guía de vida.»

Virginia Daniels, constructora y artista, Brisbane (Australia)

HAZ QUE TODO HOMBRE TE QUIERA

HAZ QUE TODO HOMBRE TE QUIERA

CÓMO SER TAN IRRESISTIBLE
QUE NO VUELVAS A QUEDARTE
EN CASA... SOLA

MARIE FORLEO

Título original: *Make Every Man Want You*

Traducción: Nora Steinbrun

Diseño de cubierta: Rafael Soria

© Marie Forleo, 2008

Editado por acuerdo con McGraw-Hill Companies, Inc. (Nueva York)

De la presente edición en castellano:
© Neo Person Ediciones, 2012
    Alquimia, 6 - 28933 Móstoles (Madrid) - España
    Tels.: 91 614 53 46 - 91 614 58 49
    www.alfaomega.es - e-mail: alfaomega@alfaomega.es

Primera edición: mayo de 2013

Depósito legal: M. 15.817-2013
I.S.B.N.: 978-84-95973-96-2

Impreso en España por: Artes Gráficas COFÁS, S.A. - Móstoles (Madrid)

Cualquier forma de reproducción, distribución, comunicación pública
o transformación de esta obra solo puede ser realizada con la autorización
de sus titulares, salvo excepción prevista por la ley. Diríjase a CEDRO
(Centro Español de Derechos Reprográficos, www.cedro.org)
si necesita fotocopiar o escanear algún fragmento de esta obra.

ÍNDICE

Agradecimientos 17

Prólogo 19

Parte 1
Claves para que todo hombre te quiera (y también el resto de los mortales)

Capítulo 1. Curso básico para ser irresistible 33

Capítulo 2. Las cinco verdades que toda mujer irresistible debe saber 63

Capítulo 3. Los siete malos hábitos de las mujeres más inatractivas, o qué impide que todos los hombres te quieran 83

Parte 2
Ocho secretos para atraer a los hombres como si fueses un imán

Capítulo 4. Secreto 1: Al diablo con las reglas 103

Capítulo 5. Secreto 2: Destruye la lista del «hombre perfecto para ti» 109

Capítulo 6. Secreto 3: Cuando hombres y mujeres se enfrentan, todos salen perdiendo 115

Capítulo 7. Secreto 4: Tus padres no te fastidiaron la vida (y aunque lo hayan hecho...) 123

Capítulo 8. Secreto 5: Olvídate de tu historia 131

Capítulo 9. Secreto 6: Deja de quejarte y dedícate a mirar por ti; o cómo y dónde conocer a más hombres de los que puedas imaginar 139

Capítulo 10. Secreto 7: Construye tu vida y cuídala, o cómo conseguir que él quiera más y más y más... 145

Capítulo 11. Secreto 8: El envoltorio perfecto, o cómo ser una chica deliciosa, exquisita y sugerente, de las que vuelven locos a los hombres, todos los días del año y a todas horas 155

Parte 3
Ahora organicémoslo todo

Capítulo 12. Las preguntas más frecuentes. Veintiuna respuestas a tus dilemas más acuciantes sobre las citas 169

Capítulo 13. ¿Y ahora qué? 179

Lectura recomendada 183

Acerca de la autora 185

Este libro está dedicado a Josh. Te quiero.

Nunca hay suficientes mujeres gloriosas.

MARIANNE WILLIAMSON,
autora de *Las cartas de los milagros*

Agradecimientos

Gracias, querida lectora, por invertir en esta potente y alentadora guía que te enseñará a dar rienda suelta a tu lado más irresistible. Escribí este libro pensando en tu grandeza.

Agradezco a todos mis maestros y mentores por haberme transmitido su sabiduría a través de clases, libros, programas de audio, llamadas telefónicas y comidas. Os doy las gracias por el profundo saber que habéis legado a los demás y que habéis mantenido vivo a lo largo de los años.

Por último, muchas gracias a mi valiosa y cariñosa comunidad de familiares, amigos, clientes y colegas por escucharme, apoyarme, animarme y alentarme siempre. En especial a Josh Pais, Ron Forleo, Miriam Forleo, Ronny Forleo, Kelli Dalrymple, Marc Santa Maria, Donna Cyrus, Fernanda Franco, Lenore Pemberton, Caitlin Ward, Roderick Hill, TAG Online, Lynne Klippel, Deborah-Miriam Leff, Bill Gladstone, Waterside Productions, John Aherne y McGraw-Hill; a las chicas (Melissa, Ginger, Simone, Tracy, Semira, Michelle y Kristin), a Monika Batista y a las bailarinas del DTW (Dance Theater Worshop) de los martes por la noche; a las Crunch Dancers, a Crunch Fitness y a Joe Polish, Piranha Marketing, toda la Comunidad Transformacional y por último —aunque no por eso los considero menos importantes— a Ariel y Shya Kane. ¡Os quiero a todos!

Prólogo

¿Y si te dijera que, en más o menos una hora, podría darte a conocer una información que te haría más feliz, más sana y más atractiva en cuestión de minutos?

¿Y si te dijera que esa misma información podría transformar la calidad de tu vida amorosa para siempre?

¿Y si conocieras el secreto para resultar irresistiblemente atractiva y disfrutar de relaciones sanas y satisfactorias sin actuar de manera manipuladora ni falsa?

¿Y si ya no tuvieras que seguir ningún juego, ni tampoco reglas, ni calcular nada para conseguir lo que deseas?

¿Te interesaría? ¿Pasarías alrededor de una hora conmigo? ¿Te gustaría convertirte en una mujer tan tremendamente irresistible que ni siquiera tú puedas evitar la tentación de invitarte a salir?

Si la idea de ser auténtica, expresiva e irresistible te interesa —y así lo espero—, entonces te encuentras en el lugar perfecto. *Haz que todo hombre te quiera* se propone provocar una transformación completa en tu vida. Descubrirás nuevas posibilidades que jamás habías imaginado en el trabajo, en tus momentos de ocio, con tus familiares y amigos... y todo ello sin que te suponga un gran esfuerzo. ¿No te parece fabuloso?

Es posible que el título *Haz que todo hombre te quiera* te sorprenda; tal vez estés pensando: «Yo no quiero que todos los hombres me quieran; ¡con uno solo bueno me basta!». Así que tengo algo que confesarte: he ideado un título intrigante para hacerte leer el libro. Quiero que entiendas que lo que estás a punto de aprender es un método radicalmente nuevo, gracias al cual te convertirás en una mujer irresistible por dentro y por fuera, y entablarás relaciones magníficas con toda la gente que forma parte de tu vida.

Algunos de los conceptos sobre las relaciones que encontrarás en estas páginas son exactamente opuestos a todo lo que has creído o lo que te han enseñado en el pasado. Por eso tienes que tomar conciencia de que no estarías leyendo este libro si algún aspecto de tu capacidad para relacionarte no estuviese fallando.

Aquí viene mi primer consejo: cuando algo no funcione en tu vida, atribúyelo a que estás manejando información falsa. Pero no te preocupes; no es ningún problema. De hecho, es una bendición. Significa que has tomado conciencia de que te has desviado del camino y has dado el primer paso para corregir tu trayectoria.

Con la mente abierta y la voluntad de llevar una vida irresistible, estás a punto de descubrir un mundo de amor, relaciones y auténtico compañerismo, tan fantástico que no podrás creer que sea verdad. Así que recuerda que está a tu alcance y te espera.

Cómo sacar el máximo provecho de este libro

Haz que todo hombre te quiera tiene la intención de esclarecer, entretener y transformar. Allí donde me ha parecido apropiado he incluido preguntas que te incitarán a reflexionar, te abrirán los ojos y te plantearán irresistibles retos gracias a los cuales podrás poner en práctica este material e introducir cambios duraderos y significativos en tu vida.

Sin embargo, si necesitas más ayuda y apoyo, he creado una *Guía para actuar de forma irresistible*, a la que podrás acceder por Internet de forma completamente gratuita, y que incluye todos los ejercicios de este libro más un programa de entrenamiento sin cargo de cuatro semanas que te ayudará a no perder la inspiración... ni el rumbo. Visita *makeeverymanwantyou.com/actionguide* para descargarte estos recursos adicionales y encontrar más información*.

Recuerda que leer y entender algo está a años luz de llevarlo a la práctica. Yo podría pasarme el día entero leyendo material sobre cómo escribir libros de autoayuda y comprendería que debo tener una idea, desarrollar un boceto y disponer de un ordenador y una impresora. Pero si no me siento y me pongo a escribir de verdad, ¡ese libro de autoayuda no llegará a existir jamás! Lo mismo es aplicable a ti, querida lectora. Debes practicar ser irresistible si de verdad quieres que todos los hombres te quieran. No basta con intelectualizar.

Este libro plantea utilizar la conciencia como una herramienta para erradicar las tendencias y comportamientos ocultos que sabotean las relaciones. Según mi experiencia, cuando eres consciente de un comportamiento

---

* El material *online* que complementa este libro está disponible únicamente en inglés. *(N. de la T.)*

que ha estado estorbándote y simplemente lo notas —sin juzgarte por lo que estás descubriendo—, ese comportamiento se desintegra por sí solo. La conciencia mental exenta de juicios facilita una resolución cómoda. Ver es suficiente, de verdad. Cuando te ves sin juzgarte, disuelves los condicionamientos del pasado.

Con este método no tienes que proponerte crear lo que, a tu entender, sería una versión de ti más irresistible y perfecta. Me explico. Cuando te planteas ser mejor o mejorar, suceden dos cosas. Primero, anuncias al universo que estás «rota» y necesitas «arreglo», lo cual te mantiene atrapada en un bucle de pensamientos de insatisfacción, del tipo «todavía no soy lo bastante buena». Segundo, es muy probable que te resistas a los hábitos o tendencias que tu mente considera malos, y dado que (como verás más adelante) todo aquello a lo que oponemos resistencia persiste, dichos hábitos y tendencias tenderán a plantarse en tu vida. ¿Quieres una prueba? Simplemente piensa en cuántos objetivos para el año nuevo te has propuesto y has cumplido, y comprobarás que la idea de desarrollar un plan para «ser mejor» no resulta demasiado efectiva.

Seguro que estás pensando: «Esto me resulta un poco confuso. ¿Cómo puedo darme cuenta de que algo que estoy haciendo me está perjudicando, y no juzgarlo ni afirmar ante el universo que algo va mal en mi vida?». Te lo aclaro.

Procura descubrirte de manera amable e inquisitiva. Sé inocentemente curiosa. Cuando percibas algo sobre ti, di: «Sí…, interesante», o «Ah, mira eso». Sencillamente observa lo que existe sin intentar cambiarlo.

Deja de intentar personificar a toda costa esa imagen imprecisa e idealizada que has creado en tu mente sobre la versión «perfecta» de ti misma. A pesar de la creencia popular, puedes dedicarte plenamente a crecer y a aprender aunque no tengas ningún problema que necesite solución.

Por ejemplo, yo sé que soy buena bailarina y siempre estoy deseando mejorar mis aptitudes. Cuando algún movimiento de danza me resulta difícil, investigo para descubrir si algo de lo que estoy haciendo (o dejando de hacer) me está impidiendo ejecutarlo bien. Pruebo muchas cosas con mi cuerpo. Incluso suelo pedir ayuda a otras bailarinas o profesoras. De verdad me interesa ver, crecer y aprender. A veces encuentro el movimiento a través de mi propia exploración; en otros casos es una bailarina quien me hace ver lo que a mí me resulta imposible de detectar. Entonces digo: «Ah, ya lo entiendo, gracias», y ya está. Transformación, expansión, crecimiento. Y todo desde un espíritu de autodescubrimiento, no de autorreproche.

La manera más rápida de conseguir resultados en este o cualquier otro programa es formar un equipo con otras personas. Infinidad de estudios prueban que quienes practican ejercicio físico en grupo tienden a perder peso más de prisa, a mantenerlo durante más tiempo y a sentirse más satisfechos y respaldados durante el proceso. Lo mismo sucede cuando te propones sentirte irresistiblemente «en forma», porque al conectar con otros abandonas tus comportamientos no deseados más rápido, eres sistemáticamente fiel a ti misma y experimentas una mayor sensación de amor y apoyo a lo largo del camino.

Comenta lo que aprendas con tu madre, amigos, hermanas, hermanos, compañeros de trabajo, instructores; con cualquier persona con la que sientas una conexión especial. La magia que se produce cuando dos o más seres humanos se unen para hablar de una visión compartida es realmente milagrosa.

Este libro es tuyo; aprovéchalo al máximo. Prueba sus conceptos, practica todos los ejercicios, experimenta y descubre tu verdad. Deja que la magia de estas páginas te ayude a expresar el poder, el encanto y la sensualidad que llevas dentro.

Y no lo olvides: el mundo necesita de esa mujer inteligente, divertida y hermosa que estás deseando dejar al descubierto. Me honra poder enseñarte el camino, así que ¡adelante, entonces!

La historia de *Haz que todo hombre te quiera*

Este texto nació hace más de seis años como un pequeño proyecto de libro electrónico. Yo por aquel entonces era una veinteañera, estaba prometida y vivía con mi novio en un diminuto apartamento del West Village, en la ciudad de Nueva York. Acababa de empezar a trabajar en el campo del asesoramiento personal *(life coaching)*, después de dejar otros empleos en Wall Street, en el mundo de la moda y en publicidad, y estaba ansiosa por escribir un libro y comenzar a dejar mi huella en el mundo. ¿Qué mejor tema, entonces, que —ya lo habrás adivinado— las mujeres y las relaciones? Solo había un pequeño problema: mi propia relación.

Allí estaba yo, una mujer joven, atractiva y competente, con un gran anillo de diamantes en el dedo, cuentas bancarias conjuntas, un novio guapo y dulce, y un enorme grupo de amigos y familiares entusiasmados ante la perspectiva de una boda... Sin embargo, no hacía más que pensar en cómo demonios librarme de todo aquello. ¿Cómo iba a escribir un libro sobre relaciones si la mía era un desastre? Sencillamente, me resultaba imposible. Por eso el proyecto de libro electrónico titulado *Haz que todo hombre te quiera* acabó archivado en un disco duro, muy lejos de Internet.

En lo más profundo de mí sabía que necesitaba acabar con mi compromiso matrimonial, pero durante seis largos meses me dio demasiado miedo hacerlo. ¿Qué diría? ¿Dónde viviría? ¿Qué pasaría con mi carrera? ¿Qué pensarían mis padres de mí? ¿Y todos los demás? Pero, sobre todo, ¿qué pensaría *yo misma*?

Cada día la mentira en la que estaba viviendo se hacía más grande, más dolorosa y más abrumadora. Las peleas con mi novio aumentaban hasta tal punto que nos resultaba casi intolerable compartir el mismo espacio. Hasta que una mañana todo cambió. Desperté y pensé: «No podemos continuar así ni un segundo más. Tengo que acabar con esto aquí y ahora; mi vida está en juego». No recuerdo exactamente qué dije, pero sé que en cuanto las palabras «se ha terminado» salieron de mi boca sentí una explosión de alivio y euforia que jamás había experimentado antes. Por supuesto, lloramos mientras le devolvía el anillo, pero en lo profundo de mí sabía que era la mejor decisión para los dos.

Desde ese momento, nada ha vuelto a ser igual. Es

como si mi alma se hubiese recalibrado a partir del instante en que encontré el valor de decir la verdad. Comencé a invertir en seminarios de crecimiento personal e hice todo lo que pude para descubrir cómo vivir una vida realmente magnífica. Me interesé especialmente en cómo entablar relaciones que funcionen de verdad y sentirme satisfecha y plena siempre. Leí toneladas de libros, me apunté a innumerables seminarios, contraté a los mejores asesores que pude encontrar. Y lo que sucedió a continuación fue absolutamente milagroso.

Mi vida —que, para empezar, nunca ha sido mala— cambió por completo hasta convertirse en algo mágico. Mi voluntad de investigar realmente de qué manera actuaba en la vida y de analizar qué parte desempeñaba yo en las cosas que me pasaban logró que todo el éxito personal y profesional que durante tanto tiempo me había esquivado por fin se hiciera realidad.

En primer lugar, conocí a un hombre increíble llamado Josh, con quien entablé una relación de compromiso. Él es como un sueño hecho realidad (a decir verdad, es todavía mejor): increíblemente creativo, comprensivo, sincero, competente, cariñoso y divertido. En segundo lugar, uno de los mayores deseos —aparentemente imposibles— que había albergado durante años se concretó por fin (y en muy poco tiempo, debería añadir). Desde niña había deseado ser bailarina, pero como nunca recibí una educación formal en ese ámbito, pensaba que con veintiséis años era demasiado mayor para empezar. Pues bien, a los pocos meses de tomar mi primera clase, comencé a enseñar y poco después fui contratada por la MTV como coreógrafa, productora y bailarina. El siguiente salto fue dedicarme a la enseñanza y presentar a nivel internacional, y desde entonces he dirigido a miles de mujeres y hombres de todo el mundo a través de clases, talleres y eventos especiales. Trabajo de forma regular con revistas maravillosas, como *Self*, *Women's Health* y *Prevention*, y con organizaciones como Crunch Fitness y Nike. Acabo de crear y dirigir cuatro DVD de danza y *fitness*, y me siento orgullosa de haber sido nombrada Nike Elite Athlete and Master Trainer*. Hace alrededor de un año pensé: «¡Esto de investigar tu propia vida de verdad funciona!»; por primera vez sentía una auténtica sensación de claridad y conciencia. Así que, ansiosa por divulgar lo que había descubierto y experimentado, volví a centrarme en la práctica del asesoramiento personal, y para mi satisfacción noté que mis clientes comenzaban a alcanzar sus objetivos y a sentirse más plenos que nunca. Entonces supe que había llegado el momento de escribir la versión mejorada del *Haz que todo hombre te quiera*.

En este libro aprenderás por ti misma todo lo que he descubierto, todo aquello que ha cambiado mi vida de manera tan radical, en especial mi capacidad para entablar relaciones que de verdad funcionan. Pero espera, porque esto mejora todavía más.

Los mismos principios que transforman tu vida amorosa salpican también todas las demás áreas de tu vida. Tu carrera, tu economía, tu salud y tu sensación de bienestar, así como tus relaciones con familiares, amigos y colegas, llegarán a ser mucho más fuertes y satisfactorias

---

* Distinción que concede Nike a aquellas personas que superan sus limitaciones y alcanzan los niveles más altos en sus campos de acción. *(N. de la T.)*

de lo que puedas imaginar. He hecho lo imposible por no olvidarme de nada, porque quiero que tu irresistible transformación resulte sencilla y poco laboriosa. ¿Estás lista entonces? Ha llegado la hora de la primera lección: «Curso básico para ser irresistible».

HAZ QUE TODO HOMBRE TE QUIERA

PARTE 1

CLAVES PARA QUE TODO HOMBRE TE QUIERA (Y TAMBIÉN EL RESTO DE LOS MORTALES)

Si tienes conocimiento, deja que otros enciendan sus velas en él.
MARGARET FULLER,
escritora y filósofa

Capítulo 1

Curso básico para ser irresistible

> Sube el primer escalón con fe. No tienes que ver toda la escalera. Solo el primer escalón.
>
> Martin Luther King Jr.

¿Alguna vez has tenido la sensación de haber nacido para conseguir grandes cosas? ¿De pequeña sabías ya que tenías algo especial que expresar ante el mundo? Muchas de nosotras hemos perdido el contacto con nuestros caprichosos sueños femeninos de grandeza y hemos acabado adoptando una versión del éxito más masculino y dirigido. Sin siquiera saberlo, nos hemos embarcado en una particular misión: probar que podemos hacerlo todo igual de bien, o incluso mejor, que los hombres. Estamos tan desesperadas por alcanzar lo que pensamos que nos convertirá en iguales y nos hará felices (una carrera de éxito, un matrimonio, una familia, un par de hijos) que olvidamos quiénes somos en realidad: seres brillantes, sexys y mágicos como ningún otro.

Hemos olvidado que nuestro poder no reside en competir con los hombres ni en intentar ser como ellos, sino en plasmar nuestras fuerzas naturales femeninas, como son la compasión, el encanto y la ternura. Somos sanadoras intuitivas y maestras del amor. Nuestro corazón bulle de emoción profunda y de nosotras surge una inmensa red de verdad espiritual. Nuestra sexualidad y artimañas femeninas inspiran, alientan y potencian. Somos extraordinarias, de verdad.

El mundo necesita desesperadamente mujeres irresistibles: mujeres dispuestas a ser entusiastas, vitales y expresivas en cualquier circunstancia; mujeres que no teman decir la verdad ni defender aquello en lo que creen; mujeres que se sientan cómodas demostrando su inteligencia, sensualidad y compasión, todo al mismo tiempo; mujeres que no compitan con los hombres, que no los humillen ni combatan contra ellos (ni contra otras mujeres), sino que vean a los demás tal como son: seres humanos que también buscan una buena vida, que buscan amor.

Aceptémoslo: lo único que en verdad queremos es amor. Aunque hacemos lo imposible por tener un buen vestuario, un buen pelo, un buen cuerpo, un buen trabajo y una buena relación, lo que realmente deseamos es saber que alguien nos ama y que todo irá bien.

¿Sabes qué? Alguien te ama y todo va bien en este mismo instante. Todo lo demás es ilusorio. La preocupación, el arrepentimiento y la ansiedad son construcciones que fabrica nuestra mente para distraernos de la terrible noción de que, debajo de todos esos sentimientos negativos, estamos bien. Entonces, cuando nos relajamos y aceptamos ese «bienestar», nos convertimos en mujeres irresistibles. Nuestros sueños fluyen de nuevo hacia nuestro corazón y nuestro espíritu es libre de subir como la espuma otra vez. Sin consumir tanta energía en nuestras neurosis imaginarias, disponemos de tiempo y empuje para recuperar nuestro propósito y una vez más resultar relevantes en nuestro mundo. Eres una mujer extraordinaria. Tienes un propósito en el mundo, que no es precisamente esconderte detrás de la ficticia historia de que estás destrozada o incompleta. El mundo te necesita. Necesita ese «algo» tan especial que de pequeña ya sabías que tenías.

Reivindicar que eres irresistible es la clave para hacer realidad tu potencial como mujer y como ser humano. Es el secreto para provocar en el mundo ese impacto que estás destinada a crear. Las mujeres que asumen que son irresistibles encarnan el alma del mundo.

Pero no solo debes abrazar tus energías femeninas, sino también las masculinas. Todas disponemos de ambas, e integrarlas de forma equilibrada resulta fundamental para que desarrollemos nuestro potencial como seres humanos. Por eso, sigue a algunas personas y guía a otras. Reconforta a quien lo necesite y da órdenes cuando lo consideres necesario. Baila con el flujo siempre cambiante de las energías masculinas y femeninas que viven en ti, y permite que la plenitud de tu gloria de mujer irresistible se plasme en todo lo que haces. Tu lado femenino es mucho más persuasivo de lo que podrías haber imaginado. Tu ternura y tu vulnerabilidad son magníficas. Eres una mujer irresistible. Siéntete orgullosa. Ya sea en la sala de juntas o en el dormitorio, en el campo de batalla o en el supermercado, nuestro mundo necesita mujeres irresistibles, ahora más que nunca. Nuestros hijos las necesitan. Nuestros negocios las necesitan. Nuestras escuelas, nuestros gobiernos. El mundo requiere que reivindiques tu brillantez y la compartas. Convierte tu vida en un ejemplo de lo glorioso que resulta ser una mujer irresistible.

El «Curso básico para ser irresistible» explica cómo llegar a tener una vida brillante y relaciones mágicas y, por supuesto, cómo ser una mujer auténticamente irresistible. El objetivo de este capítulo es abrir tu mente a nuevas posibilidades y a una conciencia personal mucho mayor. La conciencia es clave, porque gracias a ella dejas de hacer automáticamente esas cosas que alejan a los hombres de ti y comienzas a decantarte de forma natural por aquellas otras que dan lugar a relaciones felices y satisfactorias. Apréndete este material y notarás que tanto a los hombres como a las mujeres, a los niños, a los animales pequeños, a los animales grandes, a las pelusas y a cualquier otro elemento que no esté encolado al suelo les resultará virtualmente imposible resistirse a ti.

Tu lado irresistible se alimenta del momento presente

Respira profundamente y relaja los hombros, afloja la mandíbula y entrégate a vivir el momento. Disfruta del hecho de estar aquí, ni más ni menos. Olvídate de las listas de cosas pendientes; deja de pensar en lo que podrías preparar para la cena, y deja también de lamentarte por lo que no has hecho hoy en el trabajo.

Tu capacidad para resultar completamente irresistible y conseguir que todos los hombres te quieran radica en el momento presente. Cuando estás presente de verdad (es decir, cuando prestas absoluta atención al «ahora»), accedes a la infinita fuente de belleza y vitalidad inherente a todas las criaturas vivas. Te unes a la inteligencia cósmica y a la eterna magnificencia de todo lo que es.

Desde el punto de vista psicológico, estar presente significa interrumpir las vacaciones mentales para involucrarte de forma activa —con la mente, el cuerpo y el alma— en lo que estás haciendo en este momento. Quiere decir deshacerte de los pensamientos sobre el pasado y de las preocupaciones sobre el futuro, y dirigir tu atención al objeto o la persona que tienes enfrente ahora mismo. En el contexto de la lectura de este libro, estar presente implica dedicar tu absoluta y completa atención a «escuchar» las palabras de cada página mientras las lees.

No caigas en la tentación de comparar este libro con otros textos de autoayuda que hayas leído, ni te preguntes si esto te dará resultado o no. Todo ese parloteo mental te aleja del momento y de tu capacidad para convertirte en una mujer irresistible. Escuchar la conversación que mantienes contigo misma es lo que te ha perdido y confundido.

Aquí tienes una perla de sabiduría que puede transformar tu vida en un instante. ¿Preparada?

Tú no eres tu mente.

Tienes una mente, pero no eres tu mente. Tampoco eres la conversación que mantienes contigo en tu cabeza. Tal vez estés pensando: «¿Qué conversación? ¿De qué está hablando esta mujer?». ¡Pues precisamente de eso!

Claro que también puedes estar pensando: «Bueno, entonces, ¿quién soy?». Y entonces te respondo: lo que tú eres es ese ser glorioso que existe detrás de tu mente. Tú eres la conciencia, la que observa, la que escucha. Tú eres la sabia, elegante, generosa y cariñosa conciencia que sabe perfectamente de qué estoy hablando ahora mismo.

Que te quede claro también lo siguiente: tu capacidad para resultar irresistible es mayor cuando estás presente y desconectada de tu parloteo mental. Y eso sucede porque dejas al descubierto la plenitud y la gloria de tu ser, la versión más suprema de ti y la más grande expresión de quien eres. Esa versión es eterna y hermosa, y está llena de amor, compasión, perdón y sensualidad. No necesita nada ni busca la aprobación de nada ni de nadie. Es quien eres realmente, más allá de las preocupaciones, los problemas y el miedo.

Por otro lado, tu mente es una máquina basada en el miedo al pasado y el futuro cuyo principal objetivo es la supervivencia. Por eso está siempre comparando, analizando, planificando y hablándote sobre lo que necesitas hacer para resultar mejor, más mona, más competente o más atractiva. La mente no suele estar a favor de ser irresistible. A ella le gusta hablar de tus errores y de lo mala, poco atractiva, estúpida o indigna que eres. (Por cierto, ninguna de estas cosas de las que te habla la mente son ciertas, pero a menos que tomes conciencia de que tú no eres tu mente, siempre las aceptarás como tales.)

La verdad es que no importa cuántos errores hayas cometido en el pasado ni cuántas relaciones no te hayan funcionado. Tampoco importa lo que pesas, tu edad ni el trabajo con el que te ganas la vida. Puedes resultar absolutamente irresistible desde ahora mismo. El resto del libro te enseñará cómo.

Todo es como debería ser

Las coincidencias no existen. Lo que tienes en tu vida es lo que has atraído hacia ti, de forma consciente o inconsciente. Todo es exactamente como debería ser. Cada alegría, cada desafío, cada oportunidad y circunstancia —incluido el hecho de que estés leyendo este libro— es precisamente lo que necesitas para llevar a cabo tu irresistible evolución personal. Nada es una coincidencia.

Muchas mujeres se oponen a lo que les sucede en la vida, como si las cosas debieran ser diferentes. Pero no se dan cuenta de que al resistirse al momento, en realidad se enfrentan a todo el universo. Y esta permanente batalla de resistencia resulta letal para nuestra capacidad de convertirnos en mujeres irresistibles. Cada episodio de decepción, ira, dolor, malestar y falta de armonía que experimentamos es el resultado de nuestra oposición a algún aspecto actual de nuestra vida, o bien nace de nuestro desacuerdo con lo que nos está sucediendo.

Por el contrario, cuando dejamos de resistirnos o de rechazar la forma en que se está desarrollando nuestra vida y nos rendimos realmente al hecho de que todo es como debería ser, volvemos a sincronizar con el universo y conseguimos acceder de manera instantánea a un mayor poder personal, a la claridad mental y a la capacidad de resultar irresistibles.

Un detalle importante: comprender el significado de que «todo es como debería ser» no significa darte la vuelta y hacerte la muerta, insistir en mantener una relación abusiva o sin amor, o dormirte en los laureles. Reconocer la realidad te fortalece. Te sitúa en el asiento del conductor de tu vida y pone el vehículo en marcha.

La práctica de reconocer la realidad puede definirse como «ocuparse de lo que es». En otras palabras, demostrar más interés por la realidad, o lo que es, en lugar de quejarse o de desear que las cosas fueran diferentes. (Nota al margen: la idea de «lo que es» ha sido mencionada en muchos ámbitos diferentes, que abarcan desde la religión y la espiritualidad hasta la superación personal y la ciencia. Si bien yo no la inventé, me resulta increíblemente útil, como te sucederá a ti.)

En resumen, eso es lo que significa «ocuparte de lo que es»: comprometerte con entusiasmo con tu vida tal como es, al margen de lo que te guste o no te guste, de tus preferencias, ideas, creencias y opiniones sobre cómo deberían o podrían ser las cosas. En todo momento debes permitir que todo sea como es. Cuando sepas ocuparte de «lo que es» en tu vida, podrás elegir quién te gustaría ser en relación con ella.

El secreto para ser poderosa y magnética radica, lo repito, en ocuparte de lo que es. Cuando sistemáticamente te comprometes con tu vida tal como es —y no como preferirías que fuera—, dejas de sentirte presa de tus circunstancias o una víctima del mundo. Te doy un ejemplo. Imaginemos que estás en un atasco. En ese momento, el tráfico paralizado es «lo que es». Por supuesto, no te gusta la situación, pero es lo que hay. Tienes entonces dos alternativas: lloriquear y quejarte del embotellamiento (resistirte a *lo que es*) o rendirte (ocuparte de *lo que es* en tu vida en este momento) y disfrutarlo. Con disfrutarlo me refiero a que puedes encender la radio y moverte al ritmo de tus canciones favoritas (lo que cariñosamente llamo «bailar en el coche»), escuchar CD educativos o de desarrollo personal, hacer llamadas telefónicas importantes o simplemente relajarte en el asiento. Lo que me resulta sorprendente es que, con mucha frecuencia, cuando de verdad me rindo al tráfico, no solo mi frustración desaparece enseguida, sino que los coches empiezan a moverse con idéntica rapidez.

Advertencia importante: no puedes practicar «ocuparte de lo que es» para manipular una situación determinada y conseguir que mejore; tienes que intentarlo sinceramente, porque solo entonces surge la magia. La comprensión de esta verdad universal es esencial para el planteamiento que te estoy formulando en estas páginas («haz que todo hombre te quiera»), dado que es el punto de acceso a tu florecimiento personal.

Preguntas irresistiblemente reveladoras

1. ¿Has notado que, cuando te resistes a lo que es, el resultado es siempre la frustración? ¿Te das cuenta de que discutir con lo que es solo produce dolor y pena, especialmente para ti?
2. ¿De qué manera cambiaría tu vida si te ocuparas de lo que es en todo momento? ¿Crees que serías más o menos cariñosa? ¿Más o menos eficiente? ¿Más o menos irresistible?
3. ¿Cómo es tu relación ahora mismo? No me refiero a cómo sería si consiguieseis dejar de discutir o si él tuviese más dinero, sino a cómo es de verdad en

este momento. ¿Te consideras capaz de mostrarte tal cual eres para empezar a amar de verdad? ¿Qué tipo de impacto causaría la compasión en tu relación?
4. ¿Estás dispuesta a dejar de lado la frustración y la ira para dar lugar a una nueva posibilidad? ¿En qué medida permitirás que tu vida mejore?

De dónde provienen nuestras ideas

De niña me encantaba la música, y recuerdo con especial cariño una melodía muy pegadiza con la que solía cantar y bailar, interpretada por un artista llamado Falco. Por aquel entonces yo tenía nueve años, así que lo que más me gustaba era que este hombre tuviera un fuerte acento extranjero y cantara una canción sobre las patatas calientes (una extraña elección, pensé, pero, mira, eran los años ochenta y Falco era austríaco). La letra era más o menos así: «Patatas calientes, patatas calientes, pa-tatas calientes, patatas calientes; oh, oh, oh, oh, patatas calientes». Tenía un sonido electrónico realmente funky, y en el verano de 1985 aquello me parecía «lo más». Ahora avanza otros nueve años e imagíname viendo un especial de vídeos musicales en la MTV titulado «Grandes éxitos de los ochenta». Cuando anunciaron que a continuación aparecería Falco, pensé: «¡Genial! Por fin entenderé por qué este tío canta sobre patatas calientes».

> **IRRESISTIBLE PROPUESTA DE ACCIÓN**
>
> En las próximas veinticuatro horas ocúpate por completo de lo que es. No importa lo que suceda: aunque se te rompa la impresora, tu chico cancele vuestra cita o tu avión salga con dos horas de retraso, imagina que tú querías que así sucediera. Incluso puedes declarar: «¡Y esto es lo que quiero!» después de cualquier circunstancia a la que tu mente quiera resistirse. Por ejemplo:
>
> Tu operador de telefonía móvil te deja esperando durante cuarenta y cinco minutos. Piensa: «Llevo cuarenta y cinco minutos esperando... ¡y esto es lo que quiero!». Y cuando pierdas la señal y se corte la llamada justo en el momento en que estás a punto de hablar con un representante del servicio de atención al cliente, piensa «Acaba de cortarse la llamada... y esto es lo que quiero». Si bien puede sonar un poco raro, este ejercicio no solo te hará reír, sino que también te permitirá tomar conciencia de todas las formas en que te resistes a lo que es y sin darte cuenta llenas tu vida de pena, frustración y malestar.

Pero para mi sorpresa y vergüenza, la canción no tenía nada que ver con tubérculos: se llamaba *Rock Me Amadeus*. A los nueve años, yo jamás había oído hablar de Amadeus, un término que todavía no formaba parte de mi vocabulario; así que mi mente infantil lo había reemplazado por algo que le sonaba familiar (en inglés, *hot potatoes* suena similar a Amadeus), y hasta que me di cuenta de la verdad, viví convencida de que el éxito de Falco iba sobre papas hirvientes.

El objetivo de esta historia es ilustrar que todo lo que

sabemos es simplemente una recopilación de pensamientos e información que hemos absorbido durante nuestra vida. El problema es que casi nadie investiga jamás si esos pensamientos y esa información son realmente acertados, y en lo relativo a los hombres y las relaciones, prácticamente todas hemos absorbido ideas que no solo son inexactas sino que también destruyen nuestra capacidad para disfrutar de una vida amorosa sana y satisfactoria.

Afrontémoslo: tus padres probablemente no dieron clases de «Cómo disfrutar de una relación maravillosa» en el colegio. ¿Y tus abuelos? ¿Acaso asistieron a algún «Curso básico de relaciones de amor duraderas»? Lo dudo. Ellos aprendieron de sus padres, que a su vez aprendieron de sus propios progenitores, y así sucesivamente.

Si bien no es culpa tuya, ni de nadie, que hayas actuado a partir de una información equivocada sobre las relaciones que ha llegado a ti después de ser transmitida de generación en generación desde el principio de los tiempos, ahora sí es tu responsabilidad dar un paso al frente y sacar provecho de lo que funciona. Como sugiere Maya Angelou: «Ahora sabes más, así que actúa mejor».

Investiga tu problema de pensamiento

El primer paso para solucionar un problema con la bebida es admitir que lo tienes. Pues la mayoría de las mujeres, yo incluida, sufrimos algún tipo de «problema de pensamiento», en especial en lo referente a los hombres y las relaciones. Pensamos demasiado, y muchos de nuestros pensamientos son repetitivos, ilusorios y completamente tóxicos. Así que el primer paso para solucionar nuestro problema de pensamiento es admitir que lo tenemos.

Se ha dicho en muchas ocasiones que los humanos producimos entre cincuenta y sesenta mil pensamientos al día, y que el 95 por 100 de ellos son exactamente los mismos que tuvimos ayer. Esto significa que, de manera inconsciente, todos nos estamos alimentando de la misma información imprecisa una y otra vez. No es extraño entonces que nada parezca cambiar jamás.

Nuestra única salida es la conciencia. Por eso, disponte a investigar de qué manera están configurados actualmente tu mente y tu sistema de creencias en cuanto a los hombres y las relaciones. Analiza lo que crees y por qué lo crees. Pregúntate: «¿Quién ha puesto aquí este pensamiento? ¿Quién lo ha dicho? ¿Me sirve para algo?». En lo que a la última pregunta se refiere, sospecho que, en términos generales, la respuesta es que ese pensamiento no te sirve para nada.

Investiguemos ahora lo que sabes sobre las relaciones. Como ha demostrado mi anécdota sobre la letra de las patatas calientes, gran parte de lo que creemos cierto es simplemente una antigua recopilación de pensamientos reunidos por una versión más joven y menos experta de nosotras mismas.

En el ámbito de los hombres y las relaciones, nuestras ideas suelen formarse durante alguna situación angustiante, como una ruptura. Hablo de ideas como:

- no puedo confiar en los hombres;
- no soy lo bastante bonita/delgada/capaz/divertida;

- todos los hombres engañan;
- las relaciones son difíciles y requieren mucho trabajo;
- nunca encontraré a nadie.

Durante los momentos de decepción, tomamos decisiones mentales que limitan nuestras posibilidades futuras. El problema es que solemos olvidar que tomamos esas decisiones, y cuando pasa el tiempo, esas ideas antiguas nos impiden sentirnos plenamente vivas y capaces de conectar de verdad en nuestras relaciones.

Como si se tratase de un viejo ordenador, nuestra mente está equipada con un software anticuado. Investigar nuestros problemas de pensamiento es comparable a conseguir la actualización de software que tanto necesitamos. Si lo analizamos con atención, veremos que la información que almacenamos en la mente —en especial sobre los hombres y las relaciones— no solo se ha quedado anticuada, sino que se opone por completo a lo que aseguramos querer ahora. Completa rápidamente las siguientes frases:

El amor es _____.
Los hombres buenos son _____.

Apuesto a que escribiste respuestas automáticas como «ciego» y «difíciles de encontrar». Aunque no creamos que estas afirmaciones sean ciertas, nuestra mente, como la función de rellenado automático de los ordenadores, llena los espacios en blanco basándose en información que hemos puesto allí, o que hemos oído alguna vez. Si aspiras a que todos los hombres te quieran, tienes que tomar conciencia de tu problema de pensamiento y deshacerte de él. Por el contrario, no tomar conciencia de que te estás aferrando a ideas anticuadas no hace más que estancarte en el pasado y alejarte del presente, en el que existen muchas posibilidades de entablar relaciones satisfactorias y efusivas.

Ser irresistible requiere responsabilidad personal

Demostrar responsabilidad personal significa comprometerse con los resultados que se consiguen o no se consiguen en la vida. Más específicamente, la responsabilidad hace alusión a la capacidad de responder a la vida en lugar de reaccionar ante ella de forma automática.

IRRESISTIBLE PROPUESTA DE ACCIÓN

¿Cuáles son algunas de las ideas sobre el amor, los hombres y las relaciones que consideras «verdades»? ¿Qué tipo de cosas te han contado tus familiares y amigos? ¿Qué antiguas decisiones sobre los hombres o las relaciones has tomado durante momentos de angustia? Piénsalo durante unos minutos y escribe lo que tú consideras «la verdad».

Ahora lee tu primera verdad y responde las preguntas que aparecen a continuación. Luego relee las preguntas y aplícalas a cada antigua «verdad» que has escrito. ¿Qué edad tenías cuando tuviste esa idea por primera vez? ¿Te resulta útil ahora? ¿Hasta qué punto estás dispuesta a solucionar tu problema de pensamiento y a reivindicar que eres irresistible?

Muchas de nosotras nos comportamos como si fuésemos robots y repetimos de forma mecánica nuestros habituales patrones de pensamiento, cargados de autocompasión, un resentimiento abrumador y expresiones de deseo a partes iguales. Por esa razón, en lugar de descubrir quiénes somos ahora o con quién estamos, nos limitamos a actuar tal como lo hicimos frente a acontecimientos similares a lo largo de nuestra vida.

Las mujeres solemos descargar nuestras iras y resentimientos del pasado sobre las personas con las que estamos saliendo en la actualidad. Y esos rencores incluyen todas las quejas referidas a nuestros antiguos novios, maridos y jefes y, en particular, aquellas cosas de papá que más nos molestaban.

Este comportamiento automático mata nuestro lado irresistible. Y es también la razón por la que muchas mujeres mantienen el mismo tipo de relación una y otra vez con hombres diferentes: se rigen por antiguos hábitos robóticos indeseados y acaban obteniendo resultados similares con cada uno de los hombres que conocen. En lugar de asumir su responsabilidad, investigar de qué manera actúan y tratar de entender qué están haciendo (o dejando de hacer), les resulta más sencillo echarle la culpa al «mal hombre» o a la «mala suerte».

Pero si asumes personalmente la responsabilidad, podrás deshacer esas antiguas programaciones que te condicionan y conseguirás responder a tu vida de forma apropiada en lugar de repetir mecánicamente tus acciones del pasado. Este es un lugar increíblemente asombroso para vivir. Con responsabilidad personal ganas una inmensa cantidad de control sobre tu vida, y puedes librarte de los patrones cíclicos para comenzar a mejorar activamente la calidad y existencia de tus relaciones.

El primer paso para que asumas tu responsabilidad personal consiste en que tomes conciencia de cómo actúas en la vida. Esto significa investigar, observar y no juzgar. Mis buenos amigos Ariel y Shya Kane, escritores de renombre internacional y directores de seminarios, enseñan una forma sencilla y eficaz de conseguirlo: simular que eres una antropóloga que estudia la cultura de un solo individuo: tú.

En efecto, los Kane recomiendan aplicar el método antropológico a la vida, porque los antropólogos simplemente observan lo que hay; miran y analizan sin añadir ningún comentario ni juzgar. Por ejemplo, un antropólogo jamás diría «Estos salvajes locos realizan ridículas danzas del fuego a horas intempestivas». Simplemente se limitaría a apuntar: «Los indígenas practican rituales del fuego a las tres de la madrugada».

Si quieres convertirte en una mujer irresistiblemente atractiva, tienes que observarte de esta misma forma: sin juzgarte. Simplemente presta atención a lo que haces. Cuando juzgas, regañas, criticas, te quejas o añades comentarios a tus propias observaciones, en realidad estás afianzando todavía más una serie de comportamientos indeseables.

La dificultad radica, por supuesto, en que nuestras mentes son máquinas automáticas de juzgar que instantáneamente evalúan todo lo que hacemos como bueno o malo, como correcto o incorrecto. Por suerte, nada de esto supone un problema. El truco consiste en notar simplemente el juicio y evitar juzgarte por juzgarte. Y si no te da resultado (es decir, si continúas juzgándote por juzgarte), avanza un poco más y no juzgues el hecho de que te juzgas por juzgarte. En algún momento alcanzarás un estado de neutralidad.

Una ley física propone que para cada acción existe una reacción igual y opuesta. Lo cual quiere decir, en otras palabras, que aquello a lo que nos resistimos persiste. Juzgar, regañar, criticar y quejarse son distintas formas de oponer resistencia. Se trata de afirmaciones no neutrales que actúan como el cemento de contacto y pegan a tu persona una serie de patrones de comportamiento realmente indeseables. Pero si solo notas lo que haces en lugar de juzgarte o criticarte, de manera instantánea se produce una transformación mágica: dejas de guiarte por los comportamientos habituales que matan tus cualidades irresistibles y causan problemas en tus relaciones. Y eso sucede porque lo que observas sin juzgar desaparece.

Mirar algo sin juzgarlo resulta neutral y liberador. Si tú observas un comportamiento sin juzgarlo, habrás incluido a la ecuación el componente de la elección, y a partir de ese momento serás libre (si así lo decides) de dejar de hacer aquellas cosas que matan tu atractivo. Cuando dejas de juzgar, la naturaleza habitual de tus comportamientos se disuelve instantáneamente y creas la opción de mostrarte auténtica e irresistible, tal como eres en realidad.

Si en tu vida existe alguna situación o circunstancia que no te gusta (por ejemplo ser soltera, no estar en buena forma física, ser tímida frente a los hombres, mantener una relación mediocre), te resistes a ella. Y cuando te resistes a algo, lo que haces en realidad es aportarle más energía pensando lo mucho que te desagrada o deseando que acabe de una vez. Esto continúa recreándolo sistemáticamente, y al final lo convierte en tu único pensamiento.

Pero cuando te limitas a observar una situación, la ves tal cual es y dejas de desear que sea distinta, dicha situación pierde su poder dominante sobre ti. El aspecto problemático que encierra desaparece, y tú te relajas e interactúas de forma más cariñosa con tu vida y las personas que la conforman. Al tomar conciencia de *lo que es* sin resistirte a ello, despiertas tu consciencia no condicionada. Puedes ver de forma más clara y compasiva, tu eficacia crece de manera instantánea y desde ese lugar de conciencia neutral consigues desplegar tus cualidades irresistibles, gracias a lo cual puedes notar lo siguiente:

- Ser soltera ha dejado de ser un problema o un fracaso que tengas que superar. Es una oportunidad para volver a comprometerte con tu vida y volver a invertir en tu crecimiento espiritual. Es un punto de despegue hacia la diversión, la aventura, el romance y el autodescubrimiento.
- No estar en forma deja de ser un defecto permanente de tu carácter. Es simplemente tu punto de partida actual, desde el que te revelarás más fuerte, más sana y más en forma.
- Mantener una relación insatisfactoria no es algo que tú tengas que hacer de manera diferente (es decir, no es necesario que intentes cambiar a tu pareja para que sea algo que no es). Dile la ver-

dad, que ya no funciona para ti, y ofrécete la posibilidad de crear algo que sí funcione.

Contrariamente a lo que indica la creencia popular, no necesitas años de terapia para curarte ni cambiar comportamientos indeseables. A través de la conciencia (que, repito, significa notar algo sin emitir ningún juicio) puedes llegar a una resolución de forma instantánea.

Volvamos a la realidad: ¿esto significa que si tienes una deuda de 26.000 dólares y la observas sin juzgar desaparecerá literalmente? Sería fantástico, pero no. Sin embargo, lo que sí sucederá es que dejarás de sentirse dominada por la culpa, la preocupación y el miedo asociados a ella. Recuperarás tu vida y tu poder personal. Al notar que tu deuda «es», existe, puedes comenzar a actuar para reducirla. El universo te apoyará con una mayor devolución de la renta, un aumento, nuevos clientes u otras maneras de «encontrar» dinero. Mientras tanto, dejarás de escuchar el constante parloteo mental sobre lo «mala» que eres por tener una deuda o vivir la vida a través de un filtro de escasez.

El primer paso es la responsabilidad personal. Y la clave de la responsabilidad personal es la conciencia. Cuando eres consciente de las cosas que no te permiten atraer y mantener a los hombres a tu lado, y no te juzgas por lo que descubres, lo que sucede es que dejas de hacer esas cosas.

La irresistible paradoja: ya eres irresistible y te queda mucho más por descubrir

Una paradoja es una afirmación que inicialmente parece contradictoria pero que, frente un análisis más minucioso, resulta ser verdad. La mayoría de las mujeres que conozco son realmente irresistibles, pero todavía no lo saben. Van por la vida con ideas falsas y anticuadas sobre quiénes son y buscan confirmación en sitios donde jamás podrán encontrarla, como, por ejemplo, en un buen cuerpo, una carrera de éxito o la relación perfecta.

La verdad es que tus rasgos irresistibles son independientes del mundo físico y de las circunstancias de tu vida. No tienen edad y se encuentran fuera de los confines del tiempo y el espacio. No estás separada de ellos. No tienes que ser otra persona ni hacer nada más para acceder a ellos. Simplemente debes recordar tu verdadera naturaleza, tu ser, y estar dispuesta a observar los obstáculos que han aparecido en tu camino sin juzgarte por lo que descubres.

Ya has dado el primer paso. Has tenido el valor y el deseo de invertir en este libro. Y eso me hace ver que tienes la voluntad de investigar tu paisaje personal y emprender el excitante viaje del autoconocimiento.

Presta atención a lo que te digo: ya eres irresistible por dentro; sin embargo, existe cierta información que en estos momentos desconoces y que está impidiendo que esa parte de ti florezca completamente. Y, si bien ya eres irresistible, siempre puedes ir a más. Tu potencial es ilimitado, y continuarás descubriendo facetas más profundas de tu vitalidad si estás dispuesta a seguir investigando sobre ti misma y practicando el irresistible estilo de vida que plantea este libro. Te lo aseguro: *no hay límites* para lo radiante, vital e irresistible que puedes llegar a ser.

Las relaciones amorosas satisfactorias son tu derecho

Te mereces relaciones sanas, satisfactorias y llenas de amor. Tienes derecho a ellas. Dios (también conocido como la diosa, el universo, el poder superior, la fuente o cualquier otro nombre que quieras darle) te ha creado a ti —y a todo lo demás que compone nuestro universo— de forma absolutamente perfecta. Por haber nacido, ya recibes amor. No es algo que tengas que ganarte, manipular, ni descubrir cómo se consigue. Está conectado directamente a ti. No estás separada del amor.

En cierto sentido, el amor es todo lo que hay. El miedo, el resentimiento, el aislamiento y la soledad son todas las mentiras que crea la mente para que continuemos creyendo que estamos separados entre nosotros y separados de nuestra divinidad. La mente necesita creerlo para sobrevivir. La mente se alimenta, prospera, gracias a esta idea. Sin embargo, tu *ser* sabe que debajo de la mentira de la mente solo hay amor. Y sabe también que la provisión de amor es infinita. El amor nunca se acaba y nunca nadie puede robártelo, porque tú eres la fuente. Y al ofrecerlo produces más. Recuérdalo mientras detectas los obstáculos que te impiden ser irresistible. El amor es el combustible que energiza al mundo y puede transformar la oscuridad en luz. Así que permítele que te haga dejar atrás los falsos pensamientos y las ideas anticuadas que han oscurecido tu irresistible naturaleza hasta este momento.

SER IRRESISTIBLE ES UNA FORMA DE VIDA, NO UNA PÍLDORA MÁGICA

Estás descubriendo cómo dar rienda suelta de forma natural a tu «yo» más irresistible, por dentro y por fuera. Es el mayor regalo que puedes ofrecerte a ti y al mundo. Pero ser irresistible es una forma de vida, no una píldora mágica que tomas una vez y ya; podríamos compararlo a estar en magnífica forma física. No puedes hacer ejercicio una sola vez, no volver a pisar el gimnasio en tu vida y esperar tener un estado físico estupendo. Todas sabemos que conseguir resultados duraderos en el campo de la salud, la preparación física y el bienestar depende de una acción regular a lo largo del tiempo. Lo mismo sucede cuando hablamos de estar irresistiblemente «en forma».

Un estilo de vida, por definición, es una forma de vivir que refleja las actitudes y los valores de una persona. Llevar un estilo de vida irresistible implica ser una persona vital, expresiva y compasiva (contigo y los demás); supone acceder a la versión más elevada de ti y vivir conscientemente en todo momento.

Pero cuando la vida te lanza una bola con efecto puedes llegar a olvidar el estilo de vida irresistible con mucha facilidad. Pierdes tu trabajo; tu impresora se declara en huelga justo antes de una reunión importante; el tío que parecía el hombre de tus sueños resulta ser un verdadero idiota. Cuando algo te molesta o decepciona, es normal que sientas que se te han roto los esquemas y olvides tu verdadera naturaleza irresistible. Y en tales circunstancias resulta de lo más tentador volver a caer en los viejos hábitos, que a pesar de su falta de atractivo resultan muy familiares. No estoy sugiriendo que debas simular que todo va fenomenal cuando no es así. Lo que digo es que, si te pasa algo, no te quedes ahí estancada sin hacer nada al respecto.

Para ejercitar los músculos que te conducirán a un estilo de vida irresistible, tienes que seguir los tres pasos que explico a continuación:

1. Practica la observación neutral de lo que sientes. Reconoce tus emociones. Di la verdad. Informa a los demás sobre tu realidad interior sin añadir una capa de dramatismo a la información ni situarte en el papel de víctima.
2. Permítete sentir de verdad, sin intentar que el sentimiento sea diferente de lo que es ni olvidarlo. Experimenta la sensación física. Observa lo que está sucediéndote a nivel emocional sin perderte en los pensamientos mecánicos que produce tu mente.
3. Regresa a este momento una y otra vez y responde desde allí (pero no actúes).

Te ruego que no me malinterpretes. No estoy sugiriéndote que simules ser feliz cuando no lo eres, ni que dejes de expresar lo que piensas cuando algo no va bien.

Lo que estoy proponiéndote es otra posibilidad: un espacio de mujer irresistible en el que puedes ser auténtica, comunicar tu verdad sin tapujos y disfrutar de una sensación de bienestar, todo al mismo tiempo.

No olvides tampoco tu verdadera naturaleza. Durante los tiempos difíciles es cuando más necesitamos recordar lo brillantes que somos en realidad. Recobra el equilibrio releyendo este libro y otros que te inspiren y te hagan sentir viva. Contacta con otras personas; llama a tu terapeuta o a cualquier persona que pueda ayudarte a recuperar el rumbo. Usa este trabajo para crear una comunidad de mujeres (y hombres) irresistibles, capaces de apoyarse mutuamente al vivir desde su brillantez y no desde el victimismo.

Tal como haría un entrenamiento físico, estas prácticas desarrollarán tus músculos de mujer irresistible. Con el tiempo notarás más fuerza y resistencia, y cuando algo te haga perder el rumbo podrás recuperarte enseguida y con facilidad. Tu naturaleza intrínseca es irresistible. Resulta sanadora, tanto para ti como para el mundo. Conviértela en tu estilo de vida.

NADA DE MANIPULACIONES, TRUCOS NI TÉCNICAS

Ser auténticamente irresistible no tiene que ver con saber manipular a los hombres ni con aplicar trucos o técnicas para que te quieran. Después de todo, si tienes que manipular, hacer trucos o aprender técnicas para que alguien te ame, en realidad esa persona no te querrá a ti, sino al personaje que has creado.

Partamos de que él está contigo gracias a una técnica muy bien ejecutada por tu parte. Ya es malo, pero lo que resulta todavía peor es que, si te vales de la manipulación o los trucos para atrapar a un hombre, tendrás que mantener la farsa durante las veinticuatro horas de cada uno de los siete días de la semana para que jamás descubra ni el menor atisbo de tu verdadera personalidad. (¡Porque si lo hiciera, tendrías miedo de que te dejara!)

Este método para conseguir que todo hombre te quiera es completamente diferente; tiene que ver con despertar y sentirte viva, ser expresiva y, lo más importante, *ser tú*. Aquí se trata de erradicar cualquier pensamiento falso que hayas tenido sobre el amor y las relaciones; de descubrir tu habilidad natural para ser auténtica, sensual y absolutamente irresistible de un modo que sea fiel a tu alma e inspire a otras personas a hacer lo mismo. Los trucos y las técnicas son baratijas, pero la capacidad de ser auténtica es exquisita. Apuesta por lo auténtico.

El victimismo está prohibido

Las víctimas irresistibles no existen. Ser irresistible significa asumir la total responsabilidad de tu vida, lo cual implica reconocer que tú misma has diseñado tu vida para que sea exactamente como es ahora.

Muchas mujeres creen que los acontecimientos de su existencia están determinados por factores completamente ajenos a su control. Muchas veces oigo a mujeres hablar de su mala suerte en las relaciones (y en la vida) como si fuese algo que sucediera independientemente de ellas. Dicen: «¿Por qué siempre encuentro hombres como éste?» o «Si no tuviera que trabajar para un jefe tan loco, tendría tiempo para hacer gimnasia y mantenerme en forma».

Otras mujeres dan por hecho que sus reiteradas dificultades en las relaciones nacen de algún fallo suyo y se consideran portadoras de algún tipo de defecto genético de carácter que, por supuesto, ellas no pueden controlar en lo más mínimo. Suelen decir cosas como: «No puedo evitarlo; tengo que estar con él. ¡Así soy yo!» o «Soy muy perezosa. Ir al gimnasio supone demasiado trabajo para alguien como yo». Ambas frases son erróneas.

Si tienes suficiente capacidad como para sostener entre las manos una copia este libro, eres capaz de deshacerte de tu dramatismo, descubrir lo irresistible que eres y hacer lo que haga falta para entablar relaciones magníficas y satisfactorias.

Se requiere decir la verdad

Las mujeres que consiguen mejores resultados con este programa son aquellas que están dispuestas a decir la verdad, tanto a sí mismas como sobre sí mismas. Me refiero a las que exclaman: «¡Sí que lo hago!» cuando reconocen que han estado quejándose, gimoteando o comportándose de alguna manera que no les permite producir los resultados que desean (por ejemplo, ser irresistibles o tener relaciones estupendas con los hombres). No se «flagelan» ni se juzgan por lo que descubren; simplemente reparan en la verdad y siguen adelante.

Las mujeres irresistibles también están dispuestas a dejar de lado su necesidad de «tener razón» y defender su punto de vista como si ya lo supieran todo. El verdadero crecimiento y aprendizaje deriva de la voluntad de no saber. Piénsalo. Cada vez que tienes el valor de decir «No lo sé...» o «Quizá exista otra manera...» te abres a una mayor perspicacia y a un abanico de posibilidades mucho mayor. Siempre me resulta sospechoso que las clientas que vienen a mi consulta de asesoramiento personal se apresuren a asegurar: «Sí, sí, eso ya lo sé» en cuanto les doy mi opinión sobre lo que les sucede. Ese conciso «Sí, sí, ya lo sé» me está diciendo que en realidad no lo saben y que no están dispuestas a parecer estúpidas, sobre todo frente a sí mismas. Lo que «saben» las ha metido en problemas, esa es la realidad, pero no se dan cuenta de que el hecho de adoptar una actitud abierta, receptiva y no defensiva aumentará sus posibilidades de mantener una relación milagrosa y expansiva.

Tenemos que estar dispuestas a decir la verdad —a nosotras mismas, sobre nosotras mismas—, puesto que solo así podremos ver y eliminar todo lo que hacemos para sabotear nuestras relaciones. La verdad nos hace realmente libres.

El humor y la diversión están especialmente recomendados

Ahora mismo tienes en la mano un mapa de carreteras que te conducirá a tu yo más irresistible e iluminado. Y la palabra «iluminación» está cargada de luz. Con esto quiero decirte que demostrar sentido del humor al pensar en ti y en los errores de tus pasadas relaciones no solo acelerará los resultados, sino que también alimentará tu alma y te regalará unas cuantas risas a lo largo del camino.

Necesitarás cierto grado de humildad y desenfado para ver ciertas cosas de ti misma que puedan parecerte tontas o incluso vergonzantes. Así que sé amable contigo y reconoce que no existe mujer en el planeta que no cuente con una colección personal de momentos relacionados con el amor y las relaciones que no merezca un comentario como «¡¿En qué estaría yo pensando?!».

> **IRRESISTIBLE PROPUESTA DE ACCIÓN**
>
> ¿De qué maneras eres irresistible? Nombra al menos tres cosas que valores de ti en estos momentos.
>
> Toma conciencia de cuántas veces dices, ya sea en tu cabeza o en voz alta, la frase «Eso ya lo sé». ¿Puedes sonreír al pensarlo y amablemente redirigir tu atención para oír o ver las cosas como si fuera la primera vez? ¿Hasta qué punto estás dispuesta a convertirte en un lienzo en blanco sobre el que la vida pueda pintar algo nuevo?
>
> ¡Relájate, cariño! Casi todas nos tomamos a nosotras mismas demasiado en serio (y hacemos lo mismo con nuestra vida). Esta «rigidez» innecesaria se convierte en una verdadera aguafiestas en lo que se refiere a nuestra capacidad de ser irresistibles, y también a nuestro bienestar. Pruébalo: la próxima vez que te pongas demasiado seria, analiza tu cuerpo. ¿Estás arrugando la cara o tensando los hombros? Observa cómo te sientes. ¿Te resulta divertido? ¿Estás disfrutando de la experiencia?

Capítulo 2

Las cinco verdades que toda mujer irresistible debe saber

> No es necesario estar detrás de unos barrotes para ser un prisionero. La gente puede ser prisionera de sus propios conceptos e ideas. Puede ser esclava de sí misma.
>
> Prem Rawat,
> conferenciante y activista por la paz

Estás a punto de conocer cinco verdades que te librarán del 99 por 100 del dramatismo, la frustración y la inseguridad personal que has experimentado en el campo de las relaciones durante toda tu vida. Si se lo permites, estas verdades te eximirán de volver a pasar por tan difíciles experiencias.

Como hemos explicado en el capítulo 1, muchas de nosotras actuamos a partir de información falsa. Hemos recibido referencias culturales inexactas sobre lo que implica entablar y mantener relaciones magníficas, y también sobre el significado de resultar verdaderamente irresistibles por dentro y por fuera. El peligro de actuar a partir de información falsa es que te ves obligada a seguir el camino erróneo, la dirección incorrecta, y es imposible que des con lo que buscas, porque te encuentras en el lugar equivocado.

Por ejemplo, si te dijera que prepararas un bizcocho y te dieran la receta del pastel de carne, ¿te sorprendería que tu bizcocho supiera a pastel de carne? Probablemente no. Y si insistiera en que tienes la receta correcta para el bizcocho y te pidiera que continuaras intentándolo, ¿acabarías finalmente obteniendo un bizcocho en lugar de un pastel de carne? Pues no. Esto sucede porque cuando actúas a partir de la información equivocada obtienes siempre resultados equivocados. Con los hombres y las relaciones pasa lo mismo.

La mayoría de nosotras actuamos a partir de información equivocada, así que es imposible que experimentemos el tipo de relaciones satisfactorias y cariñosas que deseamos. Pero, como estás a punto de descubrir, cuando tienes la receta correcta resulta muy sencillo conseguir el bizcocho y también disfrutarlo.

Verdad 1
Una relación no te salvará

> Esperar o creer que otra persona conseguirá que mi vida resulte más rica, más plena o más satisfactoria me coloca en un constante estado de suspensión.
>
> Kathleen Tierney Andrews, escritora

Muchas mujeres —yo incluida— hemos cometido el error de creer que necesitamos un hombre o una relación para sentirnos completas, plenas, menos solas, emocional y/o económicamente seguras, y en términos generales satisfechas con nuestra vida, y no es de extrañar. Nuestra cultura nos condiciona a creer que de alguna manera estamos incompletas o somos parcialmente plenas hasta que nos casamos o entablamos una relación de verdadero compromiso. Yo lo llamo el síndrome del «tú me completas» de Jerry Maguire. ¿Has visto esa película? En ella, Renée Zellweger y Tom Cruise se enamoran y se profesan mutuamente el «tú me completas» (de un modo muy lacrimógeno, de esos que te tocan la fibra más profunda).

Si bien parece muy dulce y entretenido en las películas, fuera de la pantalla esta mentalidad causa estragos tanto en el bienestar emocional de las mujeres (y de los hombres) como en su capacidad para entablar una relación que de verdad funcione. Actuar a partir de la idea de que una relación (o cualquier otra cosa) de alguna manera te completará, te salvará o conseguirá que tu vida mágicamente levante vuelo es la fórmula perfecta para seguir siendo infeliz y continuar desconectada.

Irónicamente, la verdad es justo lo contrario. Tienes que entender que nada fuera de ti podrá producirte jamás una sensación duradera de completitud, seguridad o éxito. No existe ningún hombre, relación, trabajo, cantidad de dinero, casa, coche o cosa alguna capaz de causarte una sensación constante de felicidad, satisfacción, seguridad y plenitud.

Puesto que algunas mujeres se confunden con la palabra *salvar*, debemos aclarar que, en este contexto, el término se refiere a la errónea idea de que una relación de pareja puede librarte de la sensación de vacío, soledad, inseguridad o miedo tan propia de todos los seres humanos; o de que, de alguna manera, el hecho de encontrar a alguien con quien estar te «salva» de ti misma. Por eso debemos despertar y reconocer que esos sentimientos forman parte de la experiencia humana, que no son significativos, sino que simplemente confirman el hecho de que estamos vivos y nos late el corazón. La verdadera pregunta, entonces, es: ¿en qué prefieres invertir: en tu seguridad o en tu capacidad para ser irresistible? Tú tienes la última palabra.

Una vez que entiendes que ya estás completa y eres una mujer plena, es como si tocaras un interruptor que, de manera instantánea, te vuelve más atractiva, auténtica y relajada cada vez que sales con alguien. Toda esa atmósfera de desesperación, necesidad y apego que desquicia a los hombres desaparece, porque ya no esperas que una relación te «arregle» la vida. Lo cierto es que eres completamente capaz de experimentar felicidad, satisfacción y plenitud en este mismo momento. Lo único que debes hacer es comenzar a vivir tu vida teniéndote en cuenta, pensando que importas y asumiendo que lo que haces a cada momento cambia el mundo. Porque así es.

¿Y todo esto qué significa? Pues que no debes posponer tus sueños —«ya lo haré algún día»— ni dejar de hacer aquellas cosas que sabes que deseas, a la espera de que el Príncipe Encantador llegue a tu vida para mejorarla. Ya sabes de lo que estoy hablando: la tendencia a evitar invertir en tu carrera, tu salud, tu hogar, tu economía o tu familia, porque eres soltera y te imaginas que ya te ocuparás de todas esas cosas cuando pesques al «hombre de tu vida».

Te cuento un secreto: lo que está alejando a ese hombre de ti es precisamente tu inacción.

No esperes encontrar a alguien. Tú eres ese alguien.

Cuando vives cada día con entusiasmo, como si lo único que tuvieras fuese el ahora, sucede algo curioso. Comienzas a sentirte feliz, satisfecha, segura y plena casi en todo momento. En lugar de actuar de manera rutinaria y esperar secretamente que las cosas mejoren cuando conozcas al señor Perfecto, empiezas a vivir la vida con intensidad y, al hacerlo, despiertas esa parte irresistible de ti que se muere de ganas de ser la protagonista. Cuando te entregas completamente a tu vida (es decir, cuando consideras que todo importa), la felicidad, la satisfacción y tus rasgos irresistibles (¡sí, sí, sí!) surgen de forma natural. Explicaremos exactamente lo que significa vivir cada día con entusiasmo en el capítulo 10 y por qué esta actitud resulta tan sumamente atractiva. Pero de momento no olvides que, a pesar de la creencia popular, una relación no te convertirá en una mujer más feliz, más plena, más satisfecha, más segura desde el punto de vista económico o más emocionalmente estable de lo que eres ahora.

Verdad 2
LAS RELACIONES SON OPORTUNIDADES ESPIRITUALES, NO UN INTERCAMBIO DE NECESIDADES

> La relación es una de las más poderosas herramientas de crecimiento.
>
> SHAKTI GAWAIN,
> escritora y maestra espiritual

Muchas tenemos la falsa idea de que el propósito de una relación es satisfacer de alguna manera nuestras necesidades y deseos. Por eso nos fijamos en lo que podemos obtener de una relación en lugar de lo que podemos volcar en ella. Desde ese punto de vista, las relaciones suelen ser poco más que un intercambio de necesidades. Nosotras necesitamos esto (seguridad, amor, intimidad) y un hombre necesita esto otro (seguridad, compañerismo, sexo). Cuando encontramos algo bueno, ambas partes accedemos tácitamente a negociar y llamarlo amor. Este modelo basado en la transacción es el motivo por el que muchas relaciones parecen vacías y muertas. Es que están completamente desprovistas de algo real e íntimo, y por eso, en cuanto la primera ráfaga de entusiasmo se apaga, se parecen más a contratos comerciales que a uniones sagradas.

Afrontémoslo: a todas nos han enseñado a utilizar las relaciones con fines equivocados, como acabar con la soledad, aliviar la depresión, recuperarnos de una separación o encontrar seguridad. El problema es que las relaciones no son para eso.

Las relaciones son una oportunidad espiritual de evolución personal, y en ningún otro ámbito podrás descubrir mejor tu capacidad de amar, perdonar, actuar de forma compasiva y desarrollar tu grandeza personal y autoexpresión más completa. En ningún otro sitio encontrarás las partes más grandes y más pequeñas de ti; en ningún otro te enfrentarás a los límites que tú misma has impuesto a la intimidad. Ningún otro espacio te permite perdonar tan profundamente o amar con tanta pureza.

Este es el verdadero propósito de las relaciones: servir al mutuo crecimiento y la expresión de los sentimientos de cada individuo. Considéralas oportunidades para compartir tu entusiasmo por estar viva y entregarte a otra persona; ocasiones para arrojar luz sobre cualquier área de ti que permanezca oculta bajo el miedo y la incertidumbre; posibilidades de percibir la grandeza de la otra persona y permitirle alcanzar la magnificencia que su alma anhela expresar. Desde este punto de vista, las relaciones se convierten en las máximas herramientas para el descubrimiento personal y el crecimiento espiritual.

Cuando entablas una relación para averiguar qué puedes volcar en ella en lugar de qué puedes conseguir, toda tu vida se transforma. Porque dejas de ver a tu compañero como un antagonista para considerarlo un maestro y aliado que está aquí para ayudarte a descubrir y experimentar tu gloria.

¿Esto significa que debes mantener una relación abusiva, insana o que ha llegado a un punto sin retorno simplemente porque has descubierto que las relaciones son oportunidades espirituales para superar todas esas dificultades y encontrar un significado mayor? Pues claro que no. Recuerda que estamos hablando de crecimiento mutuo y expresión de sentimientos.

Verdad 3
La vida es ahora. Lo que importa es este momento

> Hay solo dos formas de vivir la vida.
> Una es creer que los milagros no existen.
> La otra es pensar que todo es un milagro.
>
> ALBERT EINSTEIN

Durante muchos años no me gustó la vida que llevaba. Y no me refiero a que alguna parte específica fuese terriblemente mala, porque yo tenía un trabajo estable, amigos, un buen novio y suficiente dinero para pagarme el alquiler, salir de compras y disfrutar de la vida en Nueva York. Sin embargo, notaba una permanente sensación de molestia en mi interior y solía pensar: «A estas alturas debería haber llegado más lejos».

Por aquel entonces comencé a conocer los beneficios de vivir el momento. De hecho, solía repetir una cita que leí en el libro de Deepak Chopra titulado *Las siete leyes espirituales del éxito*, que explica: «El pasado es historia, el futuro es un misterio y este momento es un regalo. Por eso se lo conoce como el presente». Pero no fue hasta muchos años más tarde cuando de verdad entendí el significado completo de esa expresión. Me llevó un tiempo comprender que este momento —este, ahora mismo— es el que me corresponde vivir, es el que importa de verdad.

Sin embargo, durante todos esos años me comporté como si aquella no hubiera sido mi vida.

El trabajo que tenía no era en realidad «mi trabajo»; lo consideraba un empleo diurno que me servía para pagar las cuentas, así que no busqué cosas más importantes ni mejores, ni me pareció necesario hacer horas extras ni exigirme más. Mi relación tampoco era «la relación». Mi novio no era más que un conveniente sustituto que me permitía esperar la aparición del señor Perfecto, por lo que no necesité entregarme a él ni tampoco ofrecerle mi corazón por completo. En cuanto a mi apartamento, tampoco era «mi casa». Al final cabo, estaba de alquiler, y me parecía inútil decorarlo o acondicionarlo como un hogar permanente.

Esta mentalidad de «esto no es para mí» llegó a contaminar incluso las pequeñeces de mi día a día, hasta el punto de que, por ejemplo, en las bodas o en los acontecimientos especiales yo siempre me sentía en la mesa equivocada. «Esto no es para mí; debería estar en otra mesa», pensaba. O si salía a alguna discoteca, creía haber elegido siempre el sitio equivocado. «No es aquí; la disco verdaderamente divertida es otra». Y si iba a un restaurante solía pensar: «Esto no es lo que yo quería. Debería haber pedido el mismo plato que ella».

Durante muchos años me resultó imposible comprender que el ahora es lo único que tengo y tendré, que lo que de verdad importa es *este momento*. Pero como no lo entendía, en lugar de invertir a tope en mi vida y de comprometerme con ella tal como era, me pasaba casi todo el tiempo quejándome, planificando, organizando, esperando y deseando que las cosas cambiaran algún día. Llevaba un diario personal, repetía afirmaciones y me marcaba objetivos para que las cosas mejorasen en algún punto del futuro. Pero pasé por alto una cuestión clave: con aquella actitud estaba entrenándome sin darme cuenta para llevar una vida mediocre.

La vida es *ahora*. La vida solo puede ser *ahora*.

Te guste o no, así son las cosas. Lo que tienes en la vida en este preciso momento —tu trabajo, tus amigos, tu familia y tu hogar, el coche que conduces (o no conduces), la comida que eliges, la persona con la que sales (o no sales)— es lo único que tiene importancia de verdad. Ahora bien, eso no significa que las cosas no cambien. Todo cambia. La vida es sinónimo de cambio. Sin embargo, si vives la vida pensando permanentemente que el ahora es lo que de verdad importa, tu realidad experimentará un cambio cuántico. Estarás más relajada, más presente e, inexplicablemente, resultarás más irresistible. La excelencia se manifestará en tu vida de manera natural.

¡Eh, tú! Sí, tú, la tía buena y sexy que está leyendo este libro. Escribe esta frase en una tarjeta y llévala contigo todo el rato:

> Actitud «lo que importa es este momento» = mujer increíblemente irresistible

Las mujeres que viven momento a momento y piensan que eso es lo que importa resultan auténtica y naturalmente más irresistibles que quienes no lo hacen. En lugar de quejarse, resistirse, gimotear o no mostrarse como son, se comprometen al máximo, son personas vitales y, gracias a esa actitud, se convierten en ganadoras en todas las áreas de la vida.

Y, claro, los iguales se atraen. Con esto quiero decir que si eres una mujer como la que acabo de describir, seguramente atraerás a un hombre vibrante y enérgico que encarne la actitud «lo que importa es este momento».

IRRESISTIBLE PROPUESTA DE ACCIÓN

Resulta fácil experimentar el concepto «lo que importa es este momento». Es como darle al interruptor que enciende la luz de tus rasgos irresistibles e ilumina todo lo que tocas. Haz que cada momento sea pleno tal como es ahora mismo. Recuerda que todo es como debería ser, y que eres la versión perfecta de ti en este preciso instante.

Aquí tienes cinco formas divertidas de experimentar:

1. Cuando pidas un plato en un restaurante, no reconsideres tu elección. Confía en que lo que has pedido es perfecto para ti. Lo que importa es este momento.
2. En el trabajo, en lugar de perder el tiempo soñando despierta, quejándote o deseando estar en otro sitio, haz lo que tengas que hacer con excelencia ahora mismo. Lo que importa es este momento.
3. Cuando salgas con alguien, deja de lado los juicios y las críticas hacia la persona que tienes delante. Practica simplemente estar ahí, pasártelo bien y notar qué te parece estar a su lado. Lo que importa es este momento.
4. En casa, dedícate a limpiar, decorar y ordenar con cuidado. Haz la cama con esmero, lo mejor que puedas. Cuelga cuadros con intención y atención. Coge toallas bonitas. Lo que importa es este momento.
5. Vístete, maquíllate y péinate dando importancia a cada acto. Tómate tu tiempo y presta atención a los detalles. Lo que importa es este momento.

Esta es la mejor parte: al poner en práctica esta actitud comenzarás a notar cambios radicales y sorprendentes en todas las áreas de tu vida. Sin intentar hacer las cosas mejor, descubrirás que el trabajo te cuesta menos y te resulta más divertido, porque no estás deseando estar en otro sitio. Tu casa parecerá más un hogar porque habrás invertido más de ti en vivir allí. Te encontrarás menos estresada y ansiosa a lo largo del día, y gracias a ello te notarás con más energía y vitalidad.

Adoptar la actitud de que «lo que importa es este momento» también ejercerá un poderoso impacto sobre tu aspecto físico, tu vida social y tus relaciones con amigos y familiares. No está mal para un conceptito de nada, ¿eh?

Verdad 4
LOS HOMBRES SON MERCANCÍA QUE DEBES ACEPTAR
TAL CUAL ES. «¡ÁMALO O DÉJALO, CARIÑO!»

> Si el zapato no nos calza bien,
> ¿debemos cambiar el pie?
> GLORIA STEINEM

¿Alguna vez has salido con un hombre y has pensado: «Sería perfecto si fuera más cariñoso, menos controlador, más comunicativo, menos ensimismado, más joven, mayor, más rico, más A, menos B...»? Lo más probable, si alguna vez has salido con alguien, es que sí hayas tenido este tipo de pensamientos. La idea de «cambiar» o «mejorar» al otro prolifera cada vez más en nuestra sociedad y es en gran medida la causa de muchas relaciones infelices. Es posible también que esa mentalidad te esté impidiendo encontrar pareja.

Así que presta atención, que aquí va otro secreto: los hombres no quieren que nadie los cambie ni los mejore.

Piénsalo. ¿Sentirías algún tipo de atracción por un hombre que constantemente intentara cambiarte o mejorarte? ¿Te gustaría estar con alguien que no dejara de decirte que debes perder un poco de peso? ¿Que prefiriera que hablaras un poco menos y te dedicaras más a cocinar y a limpiar? No se te había ocurrido verlo así, ¿a que no? Por eso tienes que dejar de intentar cambiar a tu chico si lo que deseas es resultarle irresistible. De hecho, gran parte de ese deseo tuyo de que él sea diferente es lo que lo mantiene exactamente como es. (Recuerda que aquello a lo que oponemos resistencia persiste.)

Tengo otra pregunta para ti. ¿Alguna vez has estado en la sección de oportunidades de IKEA? Es una sala grande llena de objetos distintos: sillas pequeñas, mesas grandes, sofás, muebles para el equipo de música y la televisión, lámparas y cojines de todo tipo que llenan hasta el último rincón. Algunas piezas están como nuevas, mientras otras están algo arañadas o golpeadas y requieren un poco de restauración. Todo está a la venta en las condiciones en las que se encuentra y al precio marcado en la etiqueta.

Cuando visitas la sección de oportunidades, miras con atención lo que tienen allí expuesto y decides si quieres algo o no. Por supuesto, puedes perder tiempo contándote a ti misma como te gustaría que fuese alguna de las ofertas que encuentras:

«Si la silla fuese amarilla, sería perfecta.»
«Si el sofá fuese un poquito más ancho, me valdría.»
«Si la mesa fuese un poco más oscura, sería ideal para mi cocina.»

... pero en realidad debes buscar lo que hay y ver si te interesa o no ahora mismo. Si encuentras algo que encaja con lo que necesitas, te lo llevas. Si no, sigues tu camino. ¿Sabes qué? Con los hombres sucede lo mismo. Uno de los mayores errores que cometemos las mujeres es intentar cambiar o mejorar al hombre para convertirlo en algo que no es. Y eso incluye tratar de modificar sus sentimientos hacia ti. Repitámoslo todas juntas, ¿vale? No es posible cambiar la forma en que un hombre siente o se comporta.

No me malinterpretes. No estoy diciendo que los hombres no cambien o no puedan cambiar. Las personas transforman su vida permanentemente. *Sin embargo*, no te corresponde a ti cambiar ni mejorar a nadie, y menos todavía a tu pareja. Si él quiere cambiar o modificar algo, debe hacerlo por sí mismo.

Es así. Cada ser humano es una expresión única y perfecta de quien es en este mismo momento. Y si bien las personas pueden ser diferentes de lo que son ahora (y eso te incluye a ti), como mujer irresistible tu tarea consiste simplemente en estar aquí y decir la verdad sobre lo que te va bien y lo que no. Comprométete con *lo que es* y vive la vida tal como se presenta... y no como te gustaría que se presentara.

Si no te agrada algo del hombre con el que estás saliendo, tienes dos opciones: (1) comunicarle de manera directa pero compasiva lo que no te agrada y conocer su punto de vista, o (2) seguir tu camino, hermana: él no es para ti. La comunicación es esencial para cualquier relación saludable. Sin embargo, existe una gran diferencia entre comunicar lo que te gusta y lo que no te gusta e intentar mejorar o cambiar a una persona.

Cuando algo en tu relación no te gusta, tienes que decírselo a tu pareja. Cuéntale lo que sientes y aclárale que no lo estás culpando por lo que sientes. Háblale de posibles soluciones o de lo que a ti te gusta, y *escucha* su respuesta. Es posible que sea completamente inconsciente de eso que hace y que a ti tanto te molesta, y esté encantado de modificar su comportamiento para preservar la salud de la relación. O también existe la posibilidad de que te responda: «Así soy yo, cariño; ¡tómalo o déjalo!».

Cualquiera que sea la situación, no le eches la culpa de tus sentimientos como si él los hubiese causado (porque no es así). Cuando conviertes lo que *tú* sientes en *su* culpa, lo único que consigues es que automáticamente adopte una actitud defensiva y no te escuche. Entonces las líneas de comunicación se rompen y ambos os sentís molestos y frustrados. Aunque digas que no lo culpas por lo que sientes, él percibirá que no eres sincera y se defenderá con uñas y dientes. Entonces perderás credibilidad e instantáneamente también tu atractivo, y él rechazará cualquier cosa acertada y válida que tengas que decir.

Nada externo puede despertar en ti ningún sentimiento. Nunca. Esas emociones (ira, frustración, malestar) viven en tu interior. ¿Quieres una prueba? ¿Alguna vez te sucedió que, mientras conducías felizmente tu coche, alguien quiso incorporarse a tu carril y tú amablemente le cediste el paso? Y ¿puedes recordar también alguna ocasión en la que alguien se te colara de mala manera, y que ese gesto te hiciera pitar, gritar y actuar como el típico conductor en una riña de tráfico? En la última experiencia, es muy probable que ya estuvieses molesta; seguramente cargabas con un buen porcentaje de ira y frustración que esperaban salir a la superficie. Pero con esto quiero decir que el incidente de la calle no es lo que te molesta, sino que en realidad se trata de un simple disparador que justifica lo que ya está sucediendo en ti y se prepara para manifestarse en el exterior a la primera ocasión. Así que cuando culpas a los demás de lo que sientes, te estás restando poder. Estás actuando a partir de la confusión y convirtiéndote en víctima de quienes te rodean.

Comunícate entonces como la mujer brillante e irresistible que eres. Evita señalar con el dedo o reforzar tu posición esgrimiendo una lista de todas las formas en las que él te ha hecho daño. Intenta ver la realidad de la situación. Quizá el desacuerdo se resuelva sin dificultad. Tal vez puedas dejar de tener razón sobre lo malo que es él y consigáis seguir adelante. O a lo mejor, solo a lo mejor, el incidente se convierte en una excelente oportunidad para salir de una relación insatisfactoria que ha llegado a un callejón sin salida.

Cuando una relación no funciona, no significa que la otra persona tenga algo malo o deficiente. Simplemente quiere decir que no vais bien uno con el otro. Así de simple.

Desde el punto de vista espiritual, resulta egoísta aferrarse a algo que no funciona. Le estás robando tiempo a él (y a ti misma), un tiempo valioso que podría invertirse en otra experiencia más armoniosa.

La conclusión es la siguiente: los hombres no quieren que nadie los cambie ni mejore. Debes permitir que ambos seáis quienes sois. Sé sincera y directa en tu forma de comunicarte, pero no intentes cambiar, mejorar o convertir a tu hombre en algo que no es.

Verdad 5
SI QUIERES GARANTÍAS EN EL AMOR, ES QUE NO QUIERES AMOR

> Si quieres alcanzar la paz mental, renuncia al cargo de director general del universo.
>
> LARRY EISENBERG, escritor

Ser auténticamente irresistible significa aceptar el hecho de que no existen garantías ni en la vida ni en el amor. La vida es cambio. Las plantas florecen, mueren y vuelven a florecer. El clima no descansa. El sol sale y se pone todos los días. Las mareas suben y bajan una y otra vez. Las estaciones cambian. Nada es permanente. Está en la naturaleza de nuestro universo expandirse, cambiar y crecer sin cesar.

Esperar garantías en el amor no es realista. Esperar que alguien te prometa o te garantice que te amará para siempre supone someterle (y a ti también) a una presión irreal para que haga algo que nadie es capaz de hacer: mantenerse siempre igual. Para experimentar plenamente toda la gloria, la aventura y el éxtasis del verdadero amor, tenemos que estar dispuestas a deshacernos de la idea de que es posible garantizarlo.

La vida no puede tener garantías. Nunca sabemos lo que nos espera. Así que lo único que podemos hacer es vivir la vida de forma directa, momento a momento, y exponer nuestra verdad cada vez que esta se manifieste. Precisamente en este estado de lo desconocido —en el ámbito de todas las posibilidades— radica tu verdadera naturaleza irresistible. También se trata del espacio sagrado del amor puro y auténtico, y no de esa versión popular basada en la transacción a la que todos estamos tan desesperados por aferrarnos.

Cuando dejas de intentar controlar a otra persona, te desprendes de la falsa idea de que todos estamos separados y de que de alguna manera tú estás incompleta. Irónicamente, cuando dejas de intentar controlar el amor, creas el espacio idóneo para que viva y florezca. Por extraño que resulte, te sentirás más segura y completa de lo que puedas imaginar.

La vida humana es desarrollo y evolución. Con las relaciones sucede exactamente lo mismo.

En lugar de intentar encontrar la manera de aferrarte al amor de otra persona o a la garantía de que siempre estará a tu lado, debes vivir cada día como una persona deseosa de recibir amor. Di la verdad, comunícate con sinceridad y apoya a tu pareja para que se convierta en el hombre que él quiere ser.

Mírate en el espejo. ¿Quién eres hoy? Descúbrete

como si estuvieses viéndote por primera vez. No des por sentado que eres la misma persona que fuiste la semana pasada ni el año pasado. No te limites con tu historia. Mira también a tu pareja con nuevos ojos cada día. ¿Quién es esa persona? Redescúbrela. No asumas que es el mismo hombre con el que estabas la semana pasada ni hace un año. No lo encierres en tus juicios ni en su pasado. No puedes controlar la forma en que él se muestra al mundo, pero sí puedes controlar de qué manera te muestras tú en relación con él. En lugar de estancarte en una obsoleta repetición de los estupendos días del pasado que tanto nos empeñamos en recrear todos, ábrete a la novedad de cada momento y ofrece a tu relación la posibilidad de respirar.

> **IRRESISTIBLE PROPUESTA DE ACCIÓN**
>
> ¿Qué áreas de tu vida has dejado en suspenso sin darte cuenta? ¿Qué pasos puedes dar ahora mismo para ampliar esas áreas?
>
> Por ejemplo, si llevas un tiempo sin prestar atención a tu salud económica, podrías comprar un libro sobre economía personal o pedir una cita con un asesor financiero para que te guíe. Si últimamente te has pasado los días en el sofá, podrías salir a correr o apuntarte a una buena clase de yoga.

Esforzarse por mantener una relación a toda costa es un clásico signo de que dicha relación está muriendo. No simules que todo está bien cuando no es así, ni minimices los problemas por guardar las apariencias. Recibe los retos con los brazos abiertos y expresa tu verdad. Cada problema es una oportunidad escondida gracias a la cual puedes expandirte y mostrarte irresistible a distintos niveles.

Preguntas irresistiblemente reveladoras

1. ¿Algo dentro de ti cree que necesitas una pareja para estar completa? ¿Cómo sería tu vida si fueses incapaz de generar ese pensamiento?
2. ¿En qué medida estás dispuesta a pasar de un modelo de relación basado en la transacción a un modelo más rico y dinámico basado en la compasión y el crecimiento mutuo?

Capítulo 3

Los siete malos hábitos de las mujeres inatractivas, o qué impide que los hombres te quieran

La mejor manera de romper un mal hábito es dejarlo.
Leo Aikman, escritor y editor

Otro posible título para este capítulo sería «Los mayores repelentes de hombres». Estoy hablando de formas de comportamiento frente a las cuales los hombres se desesperan. La mayoría (aunque no todos) de estos hábitos derivan de una idea equivocada que mata cualquier indicio de atracción y resulta letal: la errónea suposición de que una relación te salvará o te completará.

Recuerda que una relación no puede completar ni ofrecer a tu vida más felicidad de la que ya estés experimentando ahora. Por supuesto, puedes disfrutar de tremendos niveles de felicidad y plenitud mientras vives una relación, pero la causa no será nunca la relación en sí.

No te desanimes si descubres que tienes uno o más de estos hábitos. Recuerda que la conciencia (la percepción de algo sin juzgarlo) es lo único que necesitas para facilitar la resolución de cualquier dificultad.

Hábito poco atractivo n.° 1
La necesidad: el mayor repelente de hombres

¿Cuándo ha sido la última vez que has oído a un hombre decir: «¿Sabes? ¡Anoche conocí a un bombón que estaba realmente necesitada!». Lo más probable es que nunca. La razón es que la necesidad es el mayor repelente de hombres. Si te consideras incompleta y buscas una relación para solucionar tus problemas, eso significa que tienes una necesidad. Los hombres lo notarán y acabarás repeliéndolos.

Aquí tienes algunos comportamientos clásicos que reflejan una necesidad y con los que debes tener mucho cuidado:

- mandar obsesivamente correos electrónicos o llamar por teléfono (en especial, para saber «si estás bien»);
- revisar compulsivamente la bandeja de entrada de tu correo electrónico o el contestador del teléfono;
- decirle a un hombre que lo necesitas para ser feliz;
- repetir incansablemente «te echo de menos»;
- exigir saber con exactitud dónde está y qué está haciendo las veinticuatro horas del día;
- tener rabietas silenciosas, o no tan silenciosas, cuando él no te dedica toda su atención;
- sentir un constante e insaciable deseo de que él apruebe tu aspecto y lo que haces.

La necesidad deriva de la desesperación, y nada resulta menos atractivo. Este hábito trasciende el comportamiento y se difunde como ondas de radio que los hombres pillan con mucha intensidad. Así que, aunque te contengas y consigas evitar las llamadas obsesivas o consultar compulsivamente tu correo electrónico y simules que te da igual, él percibirá tu verdadera energía desesperada y se alejará.

Otra cuestión importante es que la necesidad somete al hombre a una injusta y enorme presión. Él sentirá la exigencia constante de actuar para ti, de ser perfecto y de ajustarse a lo que esperas idealmente de él... ¡o «te vas a enterar»! Si comete un «error», no solo tendrá que asumir las consecuencias en su propia vida, sino que además se sentirá responsable de tu felicidad.

Además, cuando tienes la falsa idea de que necesitas de un hombre para ser feliz, renuncias por completo a tu poderío. Tu bienestar queda constantemente a merced de otra persona, lo cual es lo mismo que declararte incapaz de ejercer tu poder. Y una mujer sin poder, querida, es *lo más alejado* de una criatura irresistible.

Hábito poco atractivo n.º 2
UNA INSEGURIDAD PERMANENTE

«¿Me hace gorda?»
«¿Todavía me quieres?»
«¿Crees que ella es más bonita que yo?»
«¿Me consideras lo bastante atractiva para ti?»

La inseguridad permanente acaba poniendo a los hombres de los nervios y alimenta en tu ego la falsa idea de que de alguna manera eres imperfecta y «menos que».

Cuando manifiestas tus pensamientos de inseguridad, es como si fueras un hoyo sin fondo que jamás se llena, por mucho respaldo que recibas. Eso es porque la idea de que «eres menos» es falsa. Es una mentira. Y resulta imposible remediar una mentira, porque, primero y principal, no es real.

La inseguridad y la falta de confianza en uno mismo forman parte del abanico de emociones naturales humanas, y nunca desaparecen por completo. Ten la certeza de que siempre existirá alguna persona en el planeta que no se sienta «lo bastante buena». Así que la clave para resultar irresistible radica en no dejarse llevar por estos pensamientos ni tenerlos en consideración. ¡Pero tampoco tienes que oponerles resistencia! Sencillamente permítete notar u observar lo que sientes y piensa: «Mmm…, qué interesante», o, mejor aún, «Estoy pensando en eso de nuevo… ¿Y qué?», y a continuación redirige tu atención hacia afuera. Cuando notes la presencia de sentimientos de inseguridad, deja que simplemente pasen por tu cabeza como nubes que cruzan el cielo.

No tener en cuenta los pensamientos de inseguridad es una actitud que puedes aprender y que resulta imprescindible si tu objetivo es resultar irresistible. Plantéatelo de la siguiente manera: puedes invertir en tu falta de confianza en ti misma o bien en transformarte en una mujer irresistible. Yo te sugiero la última opción.

Te doy un consejo: si crees que una vestimenta particular te hace gorda, es que probablemente así es. Sé que puede sonar duro, pero es una realidad. No toda la ropa está hecha para todos los tipos de cuerpo. Insiste entonces en aquellas prendas que sabes que te confieren un aspecto fantástico y que resaltan tus atributos. Revisa tu guardarropa con una amiga de tu confianza y deshazte de toda la ropa que sospechas que te hace gorda. De esta manera, no volverás a sentirte insegura en ese aspecto.

Otra cuestión importante: por muy delgada, triunfadora o atractiva que llegues a ser, tienes que saber que los pensamientos de inseguridad no desaparecen. Y la razón es que una realidad exterior nunca puede dar solución a un pensamiento interior falso. Es como tratar el síntoma en lugar de curar la enfermedad. Para curar la enfermedad de la inseguridad, lo único que puedes hacer es permitirte sentirte insegura cuando lo estás (lo que, en otras palabras, quiere decir que no te resistas al sentimiento). Pero tampoco te obsesiones con el tema. Por el contrario, centra tu atención en lo que sucede a tu alrededor, por ejemplo, escuchando de verdad a alguien que te esté hablando o poniéndote manos a la obra para ordenar tu mesa. Allí donde centres tu atención fluirá la energía. Si simplemente notas la aparición de pensamientos de inseguridad sin tomártelos demasiado en serio ni darles un significado que no tienen, notarás que se manifiestan cada vez menos. También lograrás reforzar tu capacidad para estar presente e involucrarte en tu vida, lo cual te resultará esencial para dar rienda suelta a tus auténticos rasgos irresistibles.

Si te soy sincera, la mayoría de nuestros pensamientos son pura caca (sí, es un término científico). Nada tiene más significado que el que le atribuimos. Con la práctica podemos aprender a no tomarnos nuestros pensamientos demasiado en serio ni tampoco como algo personal..., en especial aquellos que nos resultan perjudiciales. Así que, en cuanto aparezcan, simplemente diles: «Gracias por vuestra aportación», y sigue con tu vida.

Hábito poco atractivo n.º 3
EL DESPISTE EN EL CAMPO DE LA COMUNICACIÓN

Las mujeres solemos cometer errores de comunicación que socavan nuestra capacidad para resultar irresistibles y lo único que consiguen es que los hombres salgan corriendo antes de que tan siquiera podamos decir «¡Matrimonio e hijos!».

En primer lugar, la mayoría de nosotras no sabe escuchar de verdad. Lo que hacemos es juzgar si nos gusta o no nos gusta lo que el hombre está diciéndonos, decidir si estamos de acuerdo o no con lo que nos está contando, o determinar si ya lo sabemos. También escuchamos para ver si lo que él dice encaja con nuestros planes (nuestros planes de tener novio, casarnos o tener hijos). Y eso no es escuchar de verdad.

Escuchar de verdad significa dejar de lado esas conversaciones internas de nuestra mente para simplemente oír lo que un hombre nos está contando desde su perspectiva, como si sus palabras fueran lo más importante del mundo y necesitáramos captar todas y cada una de ellas con la mayor atención. Implica no interpretar, analizar ni hacer ninguna lectura del discurso masculino, ni tampoco decir: «En otras palabras...», para a continuación exponer de otra manera lo que creemos que él está queriendo decir. Simplemente se trata de aceptarlo.

Así que cuando escuchas de verdad, te conviertes de inmediato en una mujer atractiva. Al prestar atención sinceramente a lo que un hombre te cuenta, le haces sentir especial y querido de una forma muy poderosa. Y si hay química entre vosotros, él continuará contándote más y más cosas de sí mismo por lo abierta y receptiva que te muestras ante quien él es en realidad (y no ante quien estás intentando que sea). Este punto es fundamental y no me cansaré de hacer hincapié en él. Si de verdad quieres que los hombres te quieran, conviértete en una experta en escuchar.

El segundo error de comunicación que cometemos las mujeres es hablar de otros hombres de un modo que incita a los celos y la inseguridad en nuestras parejas actuales. Por ejemplo, mencionamos a ex novios o ex maridos, a otras personas con las que estamos saliendo o a nuestros amigos, que son geniales... Pero tenemos que entender que se trata de temas que resultan incómodos si no se manejan con cuidado. Por eso, te doy un consejo: ante la duda, deja a los demás hombres fuera de tu relación. No hay necesidad de divulgar detalles sobre tu historia romántica o sexual, ni de incorporar a otros elementos masculinos para instigar a la competición. Esas imágenes e historias pasadas espantarán a tu actual pareja y crearán un ciclo kármico de tortura mutua con juegos basados en los celos.

El tercer error es que muchas mujeres sentimos la necesidad de hablar durante o después del coito como si ese fuese el momento perfecto para animar al hombre a expresar abiertamente sus verdaderos sentimientos. ¡No, no, no! Obligar a un hombre a abrirse durante el sexo, o después, no es recomendable en absoluto, en particular en la primera fase de la relación. Los efectos secundarios de forzar a los hombres son, entre otros, la frustración, el aislamiento y, en ocasiones, una confusión extrema.

Las cosas son así: el sexo es una oportunidad increíble para dejarse llevar y actuar como una mujer ardiente, plena de deseo y libre. No tiene nada que ver con intentar llegar a ninguna parte ni con llevar las cosas a otro nivel. Hacer el amor supone liberar, explorar y complacer, tanto a la otra persona como a una misma, y resulta sumamente saludable y bueno para la mente, el cuerpo y el alma. Piensa en el sexo como si se tratase de una sesión de yoga. Al final de una clase, tienes que volver a Savasana (la postura del cadáver) para poder absorber todos los beneficios que te aportan las intensas posturas que has practicado, así que simplemente te quedas tumbada con alegría y respiras. Con el sexo es igual. Cuando hayáis acabado, deberíais relajaros y absorber toda la energía sanadora y rejuvenecedora que habéis creado juntos. Si de forma natural surge una conversación sobre pasar «al siguiente nivel», fantástico. Pero no la fuerces. Disfruta y toma conciencia de lo exquisito que resulta estar con otro ser humano.

Hábito poco atractivo n.º 4
UN ASPECTO DESCUIDADO

Seamos sinceras, ¿vale? El aspecto exterior importa. Sí, seguro que los hombres te adorarán por tus modales cariñosos, por tu humor inteligente y contagioso y por tu irresistible y pícaro encanto; pero ¡venga ya!: ¡tienes que darles la oportunidad de conocer lo fabulosa que eres de verdad envolviendo tus encantos en un paquete atractivo!

Muchas mujeres bonitas descuidan su aspecto y se preguntan por qué no atraen a ningún hombre. Si has cogido peso, has dejado de cuidarte o crees que con un chándal vas arreglada, es hora de que abras los ojos. Tu aspecto afecta a cómo te sientes. Y si tienes un aspecto regordete, es posible que te sientas así y que los hombres también lo perciban. Cuando las mujeres se encuentran demasiado cómodas en sus relaciones, tienden a dejar de pensar en verse atractivas. Algunos hombres actúan de forma comprensiva durante un tiempo (en especial si también ellos están atrapados en la misma espiral descendente); pero a muchos esta falta de cuidados les hace alejarse. Y resulta fácil, cuando formas una pareja, holgazanear en cuanto al aspecto físico. No lo hagas. El aspecto incluye la higiene personal (aliento, dientes y, sí, ahí abajo también). Si bien el sexo sudoroso y gimnástico puede resultar tórrido y estupendo, en términos generales las mujeres irresistibles están siempre aseadas y con un aspecto fresco.

Encárgate de cuidarte todos los días. Presta atención a la manera en que te arreglas. Personalmente, tengo suerte, porque mi madre ha sido un fabuloso modelo a seguir en este sentido. Si bien gastaba muy poco dinero en ropa o en joyas, siempre tenía un aspecto fantástico. Hacía gimnasia una hora al día y «se ponía bonita», como ella lo llamaba, antes de que mi padre volviera del trabajo. Su ropa estaba siempre impecable y se maquillaba con buen gusto, habilidad y mucho esmero. ¡Incluso llevaba albornoz y zapatillas a juego!

La cuestión es la siguiente: no tienes que obsesionarte ni luchar por alcanzar un ideal de perfección completamente irreal. Pero tienes que prestar atención y cuidarte.

Hábito poco atractivo n.º 5
UNA ACTITUD INSENSIBLE Y AMARGADA

Las mujeres que muestran una actitud insensible y amargada suelen tener un aspecto delgado (demasiado delgado) y severo. Parecen rígidas y cansadas, y da la impresión de que su espíritu juvenil y su suave encanto femenino les han sido succionados con una pajita. Las mujeres insensibles y amargadas suelen tomarse todo muy en serio y creen que la vida, y en especial los hombres, les han hecho daño. Es posible que se recreen en un humor sarcástico y amargo. Y lo más frecuente es que sus conversaciones se conviertan en un festival de quejas.

Una actitud insensible y amargada suele ser el resultado de la ira reprimida. A la mayoría de nosotras nos han enseñado que la ira es mala e impropia de una dama, razón por la cual no nos permitimos sentirla de verdad y, por consiguiente, hemos desarrollado el hábito de suprimirla con la esperanza de que desaparezca o, al menos, de que no se vea. El problema es que suprimir algo no lo hace desaparecer. De hecho, intentar no sentir algo es una forma de oponer resistencia, y porque aquello a lo que te resistes persiste y se hace más fuerte, no es de extrañar que la ira suprimida derive en una visión de la vida insensible y amargada.

Por fortuna, no necesitas años de terapia ni clases de gestión de la ira para dejarla salir. Simplemente permítete sentirla cuando aparezca. Experimenta la emoción; nótala. Déjala estar ahí y pasará. Si has estado impidiéndole salir por un tiempo, es posible que te sientas desproporcionadamente furiosa cuando pongas en práctica experimentarla por primera vez. Por ejemplo, si tu novio deja la toalla en el suelo otra vez y te permites experimentar lo que sientes, es posible que percibas un fuerte deseo de estallar y comenzar una pelea de las buenas. Pero no deberías. Lo más probable es que cargues con una ira antigua (antigua de verdad, de esas de cuando tenías cinco años y alguien te quitaba la piruleta) que finalmente está teniendo la ocasión de salir a la superficie. Si resulta apropiado que te expreses y afrontes la situación, hazlo. Si no, limítate a experimentar la sensación de ira y sigue adelante con tu vida.

Ahora viene la buena noticia sobre ser insensible y amargada: existe una manera de transformar esa actitud, y se llama esclarecimiento. Si tienes la errónea idea de que la vida o los hombres te han hecho daño, significa que te has colocado en el papel de víctima y necesitas desempeñar otro, uno nuevo. ¿Qué te parece este? Intenta ser la estrella, la heroína, la protagonista de tu vida. (Mucho más agradable, ¿no crees?) Recuerda que las víctimas irresistibles no existen. Puedes ser una mujer irresistible o una víctima insensible y amargada. Tú eliges.

Hábito poco atractivo n.º 6
ACTUAR DE FORMA MALINTENCIONADA Y CRÍTICA

A muchas mujeres les cuesta reconocer y alabar a otras mujeres irresistibles, en especial en presencia de su hombre. Las mujeres inseguras critican la ropa, los zapatos, el bolso, el cuerpo, el maquillaje o el éxito de otras, creyendo que con esa actitud malintencionada, con esa forma demoledora de criticar a otra mujer irresistible, de alguna manera evitarán que su hombre considere deseable a esa «rival». ¡Pero nada más lejos de la verdad!

En primer lugar, criticar a otra mujer te hace quedar mal, porque deja ver que te sientes insegura y celosa. Y seamos sinceras: es posible que tu compañero se haya fijado en ella al menos diez minutos antes que tú, así que ¿para qué simular lo contrario?

Otro detalle importante. Al hablar mal de las mujeres atractivas, de forma inconsciente te estás programando para no serlo. Te explico. El universo es una especie de inmensa fotocopiadora que te manda copias de lo que tú «ordenas» con tu pensamiento. Si eres malintencionada y crítica, tus pensamientos envían al universo el mensaje de que «lo atractivo es malo», por lo que al pobre no le queda más remedio que responder: «¡Sí, ama! Lo atractivo es malo». Y dado que ninguna de nosotras quiere ser mala, lo que sucede es que no nos permitimos ser atractivas ni, menos aún, irresistibles (¡Dios no lo permita!).

Por tanto, esto es lo que tienes que hacer: cuando notes la presencia de otra mujer sexy, bendícela en silencio y di: «Muy bien, tía, ¡haz lo tuyo!». Eso incitará poco a poco a tu mente a aprobar lo atractivo, ante lo cual el universo no tendrá más remedio que responder: «¡Sí, ama!», y apoyarte para que seas la tía buena que quieres ser. Personalmente, a mí me gusta señalar a las mujeres atractivas para que tanto mi pareja como yo podamos disfrutar del bombón en cuestión. Resulta divertido y favorece la sinceridad entre nosotros, y lo bueno de todo es que al final él se viene a casa conmigo.

Hábito poco atractivo n.º 7
RESULTAR ABURRIDA EN LA CAMA

Si bien ningún hombre en su sano juicio lo diría jamás abiertamente, el sexo aburrido suele ser causa de separaciones y «callejones sin salida» en las relaciones. Con esto no quiero decir que debas instalar en tu habitación un poste como el que usan las *strippers* ni dedicarte a los juegos eróticos con cuerdas (si bien una de las alternativas o incluso las dos pueden resultar muy divertidas), sino que tienes que investigar tus propias ideas sobre la sexualidad y confesarte si en la cama te contienes o no. Yo creo que, a cierto nivel, lo haces. (Asumámoslo: ¡todas lo hacemos alguna vez!)

El sexo consentido entre dos adultos es un acontecimiento hermoso y revitalizante. Se trata de una de las experiencias más maravillosas de la Tierra y puede convertirse en una increíble expresión de intimidad y vitalidad. También es una forma excelente de fortalecer tus músculos irresistibles.

Así que te ruego que repitas esto conmigo, y en voz alta: «Me encanta el sexo. Me encanta el sexo. Me encanta el sexo».

Bien. Ahora cuéntatelo al menos cinco veces al día. Siete más si eres católica. (¡Es broma!... Bueno, en realidad no.)

La mayoría de nosotras, nos demos cuenta o no, hemos crecido bajo el condicionamiento cultural de que el sexo es malo. Incluso aunque afirmemos que nos gusta el sexo, estamos tan metidas en una sociedad que lo considera sucio, vergonzante y pecaminoso, que no solemos sentirnos a gusto hablando del tema abiertamente ni actuando de forma proactiva en pos de desarrollar nuestra destreza sexual.

Una subcategoría del sexo aburrido es el que se practica sin ganas, solo para sacárselo de encima de una vez. No se me ocurre nada menos atractivo que una mujer que, mientras está en la cama con su pareja, repasa la lista de la compra u observa las grietas del techo mientras el hombre se deja la piel para intentar complacerla. Muchas mujeres aceptan mantener relaciones sexuales para que su compañero deje de pedírselo, y entonces adoptan una actitud pasiva en la se dejan hacer y nada más. En el caso de que no te hayas dado cuenta, esa forma de actuar no funciona si lo que quieres es convertirte en una mujer irresistible y disfrutar de relaciones mágicas y satisfactorias.

Te sugiero que practiques ser traviesa y seas tú quien inicie el sexo con mucha más frecuencia. Una manera estupenda de darle vidilla al momento es aprender a desnudarse. En el mercado existen toneladas de DVD instructivos, y en la mayoría de las ciudades encontrarás clases presenciales. Como soy bailarina y monitora de preparación física, disfruto muchísimo del arte del desnudo. No puedo describir con palabras lo estimulante que resulta observar a las mujeres perder sus inhibiciones ante mis ojos y descubrir la belleza, la elegancia y a la reina del sexo que llevan dentro. Este tipo de clases las transforman de verdad, haciéndolas sentir mucho más sexys y seguras de sí de lo que jamás habrían imaginado.

Otra gran idea es que te compres lencería bonita que te dé un aspecto muy sensual y te haga sentir precisamente de esa manera. Cómprate al menos una prenda lo bastante práctica como para llevarla a diario y siéntete «traviesa» en secreto durante todo el día.

Un último consejo, aunque no por ello menos importante: practica recibir placer de manos de un hombre. No podrías ofrecerle mejor regalo que permitirle satisfacerte sexualmente. Son muchas las mujeres que no están acostumbradas a permitirse recibir. ¿Y sabes qué? ¡Olvídate de esa actitud! Si quieres que los hombres te quieran, tendrás que salir de aquello a lo que estás habituada y permitirte sentirte bien —realmente bien— de forma continua. Y no te valgas de la excusa de que él no sabe cómo complacerte. Él no te lee la mente, y el cuerpo de cada mujer es diferente. Háblale, muéstrale, guíalo. Él te amará por ello (y tú también).

Conclusión: ser aburrida en la cama es la consecuencia del miedo, el miedo a parecer estúpida, a no saber qué hacer, a que se rían de ti, o miedo a ser rechazada de plano. Las mujeres irresistibles sienten miedo, pero, aun así, buscan mantener relaciones sexuales estupendas. ¡Recuerda que con la práctica se llega a la perfección!

Nada como la acción continua para dar una buena patada en el trasero al miedo. Cuando surjan los pensamientos basados en el temor —y sabes que surgirán—, diles «Gracias por vuestra aportación» y sigue siendo la chica traviesa que sabes que eres.

Preguntas irresistiblemente reveladoras

1. ¿Con cuánta frecuencia miras la bandeja de entrada de tu correo electrónico o el contestador del teléfono con verdadera desesperación? ¿Cuánto tiempo pierdes actuando como una mujer necesitada de pensamiento o acción? ¿Te das cuenta de que podrías dedicar ese tiempo a disfrutar de tu vida?
2. ¿Te sumas a tus amigas cuando critican o son malintencionadas frente a otras mujeres irresistibles? Y aunque no lo hagas, ¿te quedas en silencio o te expresas y les sugieres una posibilidad diferente? ¿Estás dispuesta a ayudar a tus amigas abriendo la puerta de su irresistible transformación?

IRRESISTIBLE PROPUESTA DE ACCIÓN

Deshazte de todas las prendas «de baja autoestima» de tu armario. Ya sabes, esa ropa «especial» que te hace sentir regordeta, desaliñada y al menos cuatro kilos más pesada en cuanto te la pones. Es un gran reto que puedes llevar a cabo con amigas.

Practica escuchar de verdad. Nota con qué frecuencia acabas las frases de los demás (en tu cabeza o en voz alta) y deja de hacerlo. Simula que la persona que está hablando tiene un consejo sabio que darte que cambiará profundamente tu vida. Pero para recibirlo tienes que centrar toda su atención en él o ella y permitirle hablar sin interrumpir. Piensa que es posible que la persona necesite irse un poco por las ramas al principio antes de llegar a lo bueno de verdad.

¿Te desentiendes de tu aspecto? Pide cita para tus manicuras, pedicuras, tratamientos faciales y visitas a la peluquería para los próximos seis meses.

Es hora de volver a ser sexy. Y no hay mejor manera de conseguirlo que con un buen surtido de «travesuras» (que puedes hacer sola o con tu pareja). Alquila películas para adultos y lee una novela erótica o una novela romántica muy cursi. Observa qué te pone. Diviértete dándole vida a tu lado sensual.

PARTE 2

OCHO SECRETOS PARA ATRAER A LOS HOMBRES COMO SI FUESES UN IMÁN

Confía en esta delicada y sutil voz que desde dentro de ti dice: «Esto podría funcionar y voy a probarlo».

DIANE MARIECHILD,
escritora

Capítulo 4

Secreto 1: al diablo con las reglas

> La regla de oro es que no hay reglas de oro.
> George Bernard Shaw

Tengo que decirlo: odio las reglas. Son sumamente limitantes, por no mencionar que no dan ningún resultado, en especial en lo relativo a las relaciones.

Cuando aplicas una regla —que es una decisión que tomaste sobre algo en el pasado (por lo general durante un momento desagradable para ti)—, contaminas el momento presente y cierras un infinito número de posibilidades. Infectas tu futuro con información habitualmente imprecisa y obsoleta basada en acontecimientos del pasado. Cada momento es nuevo y brillantemente único, porque nunca ha sucedido antes. Nunca jamás.

Las reglas y técnicas para «ligar» han sido creadas a partir del miedo y la carencia. Su único fin es desequilibrar a tu pareja y obligarla a seguir haciéndose preguntas sobre ti y a centrar su atención en tu persona, todo lo cual le impide vivir la plenitud de su propia vida. Así que no te interesa actuar así; eso no es amor verdadero, sino un eterno juego de manipulación.

Las reglas matan tu lado irresistible

Nuestro universo se expande sin cesar. Y tú estás incluida en él. Estoy segura de que ahora tienes más experiencia, eres más lista y te centras mejor que hace diez años, así que entenderás que basar tu enfoque del amor en ciertas reglas que pueden, o no, haberte funcionado en otras ocasiones (incluso hace veinte minutos) es como utilizar un mapa para guiarte hacia un destino que ya no existe. Cuando sigues ciertas pautas para el amor, matas tu vitalidad y tus aspectos más irresistibles. Porque las reglas no encierran ningún tipo de creatividad; en ellas no hay sitio para nuevas posibilidades ni para que nazca algo hermoso a partir de lo desconocido.

Las reglas suelen ser verdades que tú has adoptado como propias, pero que en realidad pertenecen a otras personas. Muchas mujeres absorben de forma inconsciente las reglas de terceros a partir de su religión, su familia o los medios de comunicación, pero otras adoptan material de autoayuda que les incita a la manipulación y notan que les resulta más sencillo seguir algún sistema que intentar descubrir su propia verdad.

Aquí tienes algunas reglas muy comunes que causan estragos en nuestro aspecto más auténticamente irresistible:

- Nunca llames a un hombre.
- Nunca establezcas contacto visual con un hombre.
- No hables demasiado.
- No te acuestes con él en la primera cita.
- Nunca salgas con más de un hombre a la vez.
- No des el primer paso.

- No invites a un hombre a tu casa.
- Nunca salgas con un hombre más bajo que tú.

¡Por favor, qué asco de reglas!

En ciertos casos, llamar a un hombre es lo que hay que hacer. En lo que al contacto visual se refiere, puede resultar muy seductor. Hablar estimula el alma; tener relaciones sexuales en la primera cita podría conducir a una relación de toda la vida intensamente satisfactoria, y salir con varios hombres al mismo tiempo encierra un lado divertido y fascinante.

Ahora bien, también es cierto que en determinadas circunstancias estos comportamientos no funcionan y matan tus cualidades irresistibles. Sin embargo, no se debe a la «regla» en sí, sino a *quién eres* cuando llamas, miras a los ojos, mantienes relaciones sexuales, sales, etc. Solo puedes romper todas y cada una de las reglas de los libros cuando estás completamente centrada y eres consciente de ti misma, ya que eso significa que te encuentras en contacto con tu lado irresistible.

Tu actitud marca la diferencia

Para convertirte en una mujer irresistible, lo que de verdad marca la diferencia es tu actitud. Permíteme repetirlo una vez más, enfatizar en esta cuestión, porque es el concepto más importante de todo el libro: tu actitud marca la diferencia —toda la diferencia del mundo— si lo que deseas es convertirte en una mujer auténticamente irresistible.

Si cuando llamas a un hombre actúas como una mujer necesitada (consulta el «Hábito poco atractivo n.º 1» del capítulo 3) porque todavía no te das cuenta de que una relación de pareja no te salvará (consulta la «Verdad 1» del capítulo 2), lo único que consigues es repelerlos a todos.

Si te estás acostando con un hombre porque quieres estar con él y crees que así lograrás que te ame, no has entendido que no puedes cambiar los sentimientos de los hombres («Verdad 4», capítulo 2) y te sentirás decepcionada y utilizada (curiosamente, no porque él te esté utilizando, sino porque tú te has utilizado a ti misma para intentar manipular a otro ser humano).

Si quieres casarte y formar una familia porque consideras que así te garantizarás su amor eterno y la seguridad económica que siempre has soñado, no has comprendido que si buscas garantías en el amor, en realidad no quieres amor («Verdad 5», capítulo 2), y que las relaciones son oportunidades espirituales, y no un intercambio de necesidades («Verdad 2», capítulo 2).

¿Quieres más? Imagina que sigues una serie de reglas o técnicas para «atrapar» a tu hombre. Has cumplido con todos los pasos del sistema y lo has cazado gracias a un estratégico conjunto de juegos de manipulación. ¿Qué sucede entonces?

Para mantenerlo a tu lado tendrás que perpetuar la farsa durante el resto de tu vida, y tus «reglas» te exigirán mentir incesantemente sobre lo que funciona y lo que no. Nunca podrás expresarte por completo ni de forma auténtica, ni tampoco estarás en condiciones de dar o recibir amor incondicional, porque eso no forma parte del gran plan que has ideado para tener a tu hombre centrado solo en ti.

Las relaciones nacidas de las reglas requieren una constante y agotadora autogestión, además de una completa represión. ¿Mi sugerencia? ¡Al diablo con las reglas!

La manipulación nunca produce amor profundamente íntimo ni relaciones satisfactorias. El amor verdadero y duradero nace de la autenticidad, la comunicación y la voluntad de rendirse por completo a otro ser humano.

No necesitas reglas. Lo que necesitas es la verdad. Tu verdad. Su verdad. La verdad de ambos, comunicada entre vosotros en un espíritu de respeto y compasión, libre de acusaciones, culpas y manipulación. No se me ocurre nada más sexy que una mujer que no se avergüenza de sí misma: una mujer sincera sobre sus sentimientos, auténtica en sus expresiones y lo bastante segura de sí como para compartir sus inseguridades en cuanto aparecen.

El amor verdadero vive en el reino de las posibilidades ilimitadas, y no en el de las reglas. A través de la sinceridad —y no de la manipulación— nacen relaciones magníficas. Y a partir de la integridad, la autenticidad y el respeto por ti misma florecerá tu lado más irresistible.

IRRESISTIBLE PROPUESTA DE ACCIÓN

¿Qué reglas has seguido hasta ahora? Escríbelas.

Ahora reflexiona sobre las siguientes preguntas. ¿Dónde has aprendido las reglas que acabas de apuntar? ¿Te dan resultado? ¿Hasta qué punto estás dispuesta a librarte de tu antiguo molde «reglado» para entrar en el mundo de las posibilidades ilimitadas?

Capítulo 5

Secreto 2: destruye la lista del «hombre perfecto para ti»

> Si juzgas a las personas, no tienes tiempo para quererlas.
>
> Madre Teresa

Hace alrededor de cinco años tenía un «tipo de hombre» favorito, o para decirlo de otra manera, había elaborado mi propia lista del hombre perfecto: no demasiado alto, italiano (o similar), católico, con una diferencia de tres años respecto a mí, soltero (que no se hubiese casado nunca), sin hijos (ni ganas de tenerlos) y con un toque de..., cómo explicarlo..., características del hombre de Jersey. Preferiblemente, además, debía ser inteligente y perspicaz, de esos que llevan traje (nada artistas ni creativos). Me resultaba inconcebible estar con alguien que no encajara con ese perfil. Te aclaro que nunca pensé en crear ese criterio de «selección», sino que surgió solo, de manera inconsciente, a partir de cosas que vi en la familia y la cultura de las que provengo.

Mi lista del hombre perfecto quedó hecha añicos cuando comencé a vivir mi vida directamente y me dediqué a investigar de qué manera actuaba yo, tal como estás haciendo tú ahora. Y de verdad me resultó fascinante. Descubrí que existían mundos enteros de hombres diferentes. Para mi sorpresa (y la de él), me enamoré profundamente de un hombre llamado Josh, un actorescritor-director judío bastantes años mayor que yo, divorciado y con un hijo de nueve años.

¡Ja! Casi exactamente lo contrario de lo que pensaba que me haría feliz. Casi lo opuesto de lo que estipulaba mi lista del hombre perfecto.

Te cuento mi experiencia: lo que ahora *sé* que es posible en términos de amor, compañerismo e intimidad supera con creces lo que había imaginado antes de conocer a Josh. Mis ideas sobre el hombre perfecto eran tan reducidas, tan limitadas…, completamente descoloridas comparadas con la realidad y el fulgor que experimento con mi pareja todos los días.

Lo que me condujo a descubrir mi verdad (y a Josh) fue la voluntad de deshacerme por completo de mis ideas sobre lo que, en mi opinión, me haría feliz, y de adentrarme en algo nuevo y completamente desconocido. Antes de conocerle, mi mente se encontraba tan recargada de pensamientos, juicios, restricciones y criterios anticuados sobre el hombre perfecto que me resultaba imposible tan siquiera vislumbrar que existiera nada más.

Recurrir a una lista del hombre perfecto prácticamente te imposibilita atraer al hombre adecuado para ti. Tus ideas sobre lo perfecto son estrechas y limitantes, y provienen de lo que ya sabes, lo cual significa que derivan del pasado, de una versión de ti mucho menos expansiva, menos experimentada y menos irresistible.

Tu lista del hombre perfecto, ya se trate de un listado que has confeccionado o bien de una serie de pautas que has absorbido de tu cultura a través de tu subconsciente, te está alejando de una cantidad inmensa de hombres cariñosos y disponibles. La lista del hombre perfecto actúa como un filtro restrictivo que revisa minuciosamente, clasifica y escanea a las personas con las que podrías salir. Es una barrera que tú misma te impones frente al amor y que impide a muchas mujeres entablar una relación mágica. Tu lista del hombre perfecto probablemente se ha convertido en una fantasía mental sobre alguien a quien me gustaría llamar...

... El mítico señor Perfecto

Ya sabes de quién hablo: de la imagen idealizada de esa persona que, a tu entender, debería acompañarte durante el resto de tu vida. Por supuesto, no existe ningún mortal que pueda competir con él, esa criatura que es mítica porque se basa en una historia que crees que te hará feliz, y que es ficticia porque se trata de una fantasía con la que has soñado basándote en una información limitada y estrecha proveniente de tu pasado. Ese hombre es una invención de tu mente, no un ser humano real que se acuesta contigo.

Ahora te pregunto lo siguiente: ¿y si esa imagen que tienes en la actualidad se quedara corta? ¿Y si existiera alguien con cualidades increíblemente fabulosas que ni siquiera te imaginas todavía? ¿Y si te estuvieras centrando más en la fantasía que en la realidad? ¿No podría suceder que, cuando en cuestión de nanosegundos comparas inconscientemente a alguien que acabas de conocer con tu mítico señor Perfecto y decides que no es «él», en realidad estuvieras evitando el desafío y la intimidad de una relación verdadera?

¿Estás dispuesta a deshacerte de lo que *crees* que te hará feliz para descubrir algo más fascinante, más íntimo y más cargado de amor de lo que nunca podrías soñar? ¿Tienes el valor suficiente como para mantener una relación real con un hombre real?

¿Y si la idea del Señor Perfecto fuera completamente falsa? ¿Y si el señor Equivocado no existe? ¿Nunca has pensado que todas las relaciones —por breves que resulten— encierran una lección invaluable que te permite crecer y evolucionar hasta convertirte en tu versión más grandiosa?

> **IRRESISTIBLE PROPUESTA DE ACCIÓN**
> Escribe la lista de cualidades del hombre perfecto para ti y enumera todos los rasgos de carácter que debería mostrar tu mítico señor Perfecto. Reconocerás así todas las formas en que clasificas, filtras y analizas a tus potenciales parejas. Te doy algunas ideas para ayudarte a empezar: su color de pelo, altura, etnia, ocupación e ingresos. ¿Hay algún tipo de hombre con el que no saldrías o al que ni siquiera mirarías dos veces?
> ¿Ya has terminado la lista? Genial. Ahora quémala.

Una última cosa: tú eres una diosa, una reina. Sabes mucho más de lo que crees saber, y tu conocimiento no proviene de tu mente, sino que nace de tu espíritu, de tu sabiduría interior, de tu ser superior, de la divina inteligencia que vive en ti. Eres intuitiva, perceptiva y sabia.

Para desplegar tus verdaderos rasgos irresistibles tienes que estar dispuesta a salir de los confines de tu mente y a abrirte a las ilimitadas posibilidades del universo. Y quédate tranquila, que abrirte a las posibilidades no significa enamorarte de un hombre que no tenga las cualidades que tú deseas, sino simplemente dejar de vivir a partir de ideas y pensamientos anticuados y limitantes para centrarte en descubrir lo que es importante para ti ahora.

¿Por qué restringirte a una idea inventada sobre el hombre con el que deberías estar? ¿Y si alguien que supera con creces tus sueños más disparatados estuviera esperándote a la vuelta de la esquina si consiguieras abrirte lo suficiente como para verlo? ¿Por qué poner barreras al amor?

IRRESISTIBLE PROPUESTA DE ACCIÓN

Deja de buscar al Señor Perfecto y simplemente empieza a divertirte. (¡Qué concepto!) Repite tres veces lo siguiente, ahora mismo:

¡Salgo con hombres para divertirme, no para encontrar al ideal!
¡Salgo con hombres para divertirme, no para encontrar al ideal!
¡Salgo con hombres para divertirme, no para encontrar al ideal!

Evita ejercer tanta presión sobre ti y sobre los hombres con los que sales. Vuelve a despertar tu espíritu infantil y recupera la costumbre de disfrutar. Juega, ríe, haz tonterías, tómate cada cita como una aventura. ¿Qué tienes que perder, además de tu soltería? Confía en tu intuición. Si te atrae alguien que no es «tu tipo», sal con él de todas maneras y ábrete a nuevas posibilidades. Nunca se sabe a quién podrías descubrir.

Capítulo 6

Secreto 3: cuando hombres y mujeres se enfrentan, todos salen perdiendo

> Ya sabes que no puedes evitar juzgar. Pero tienes que decidir qué hacer luego con tu juicio.
>
> Story Waters,
> escritor y maestro espiritual

Casi todo el mundo ha oído hablar de la *batalla de los sexos*, una frase que alude a la constante lucha de poder en la que se enzarzan la mayoría de los hombres y las mujeres para superarse mutuamente. Los hombres intentan demostrar su superioridad sobre las mujeres, y ellas hacen exactamente lo mismo. Es evidente que la mujer ha conseguido importantes avances sociales y políticos durante el siglo pasado, pero debemos reconocer que esta guerra de géneros todavía existe en nuestra sociedad y que, si la dejamos actuar, nos impedirá atraer a los hombres que buscamos y establecer relaciones sanas con ellos.

Esta rivalidad entre géneros ha sido transmitida culturalmente de generación en generación desde el inicio de los tiempos. Y ha influido mucho en todas nosotras, lo reconozcamos o no. Por eso debemos tomar plena conciencia de todos los matices de su existencia, ya que de lo contrario seguiremos participando en esta guerra sin darnos cuenta, y lo peor es que estaremos destinadas a seguir repitiendo esos comportamientos que nos impiden ser irresistibles. El desdén por los hombres acabará saliendo a la superficie y saboteará una relación que podría resultar sumamente saludable.

Esto es lo que sucede: día tras día absorbes mensajes (de forma consciente e inconsciente) que refuerzan la guerra de géneros. En artículos de revistas, programas de televisión y conversaciones informales te bombardean con estadísticas, historias y comentarios que prueban que uno de los géneros es más listo, gana más dinero y vive más tiempo que el otro. Incluso tus amigos y familiares suelen incitarte a que te embarques en la lucha contra los hombres. Entonces empiezas a participar de bromas que vapulean a los hombres, o a recibir llamadas de amigas a cualquier hora en las que las oyes quejarse de lo insensibles, poco comunicativos, poco fiables, egocéntricos, perezosos y alérgicos al compromiso que son todos los hombres. La tía Sally comentará: «Cariño, no puedes hacer nada: todos los hombres son así». O tu mejor amiga te dirá: «Ya sabes cómo son los tíos; no entienden nada». En lo más profundo de ti también sientes que los hombres te han hecho daño, y es posible que digas o hagas cosas (intencionadamente o no) que provoquen que aquellos que forman parte de tu vida se pongan a la defensiva o se sientan despreciados o incompetentes.

Muchas mujeres solteras que conozco tienen la costumbre de humillar sistemáticamente a los hombres para después preguntarse por qué están solas o tienen una relación combativa. Analicemos la historia de mi cliente Ali, a quien una conversación inocente y cotidiana volvió a sumergirla en la guerra de géneros.

La historia de Ali

Ali es publicista, tiene treinta y un años y trabaja en la industria de la moda. Es rubia, atractiva y ha alcanzado un gran éxito a nivel económico. Ha tenido varias relaciones que han acabado mal y está dispuesta a sentar la cabeza y formar una familia. Hace poco comenzó a salir con Mike, un importante analista comercial. Después de verse con él durante unas semanas, Ali tuvo la siguiente conversación con su amiga Sharon.

ALI: ¿Sabes? Mike me ha llamado para cancelar nuestra cena de hoy porque tiene que terminar un proyecto importante para mañana. Me ha dicho que saldremos el viernes por la noche, pero de todas maneras me ha decepcionado.

SHARON: Es tan típico de los hombres… Son muy desconsiderados; lo único que les importa son ellos mismos.

ALI: ¿Crees que todos son así?

SHARON: ¡Claro, por supuesto! Y la cosa va a peor en cuanto viven contigo. ¿Tú crees que Gary me ayuda a limpiar el piso? ¡Y Dios me libre de pedirle que haga la cama o saque la basura! Lo único que le apetece hacer es posar su culo gordo en el sofá y pasarse el día entero viendo la televisión. ¡Hombres!

¿Te das cuenta cómo una inocente conversación puede involucrarte en una guerra de géneros? Con mucha probabilidad, Ali castigará a Mike evitando el sexo y mostrándose algo distante, con la esperanza de que él entienda que ella está molesta por algo. ¡No te recomiendo este método en absoluto! Si quieres resultar irresistible y disfrutar de relaciones mágicas, tienes que dejar de ver a los hombres como si perteneciesen a una especie diferente cuyo único objetivo es hacerte daño. Esta actitud no difiere de la discriminación racial o religiosa, así que empieza a ver a los hombres y a las mujeres como personas individuales y únicas.

Muchas mujeres preguntan: «¿Dónde están los hombres de verdad?», o se quejan: «No hay suficientes hombres solteros de mi edad. Y todos quieren mujeres más jóvenes». Quienes hacen este tipo de comentarios no ven ni se dan cuenta de que sienten un desprecio profundamente arraigado por los hombres. De forma inconsciente buscan la manera de probar que ellos hacen todo mal, piensan mal, se comportan mal y son malos. Pero deberían entender que si odian a todos los seres de la especie masculina (en secreto… o no), les resultará imposible entablar y mantener una relación amorosa satisfactoria con ninguno de ellos.

Ten mucho cuidado, entonces, con las siguientes tendencias:

- Competir con los hombres a nivel profesional para probar que las mujeres somos mejores.
- Buscar la manera de probar que las mujeres lo tenemos todo más difícil.
- Hacer bromas que humillan a los hombres, o reírte de ese tipo de comentarios.
- Sentir resentimiento hacia tu padre, o quejarte de él, o juzgarlo.

- Pasar más tiempo quejándote de los hombres que saliendo con ellos.

LO QUE PIENSAS DE LOS HOMBRES AFECTA A LA FORMA EN QUE ELLOS SE COMPORTAN CONTIGO

Otro aspecto interesante de la guerra de géneros que la mayoría de las mujeres olvida es que sus pensamientos y juicios acerca de los hombres determinan la forma en que ellos se comportan. Si crees que tus pensamientos residen exclusivamente en la privacidad de tu mente, estás equivocada. Tus pensamientos son palpables y llegan a los demás. Si juzgas a alguien de incompetente, insensible o estúpido, esa persona lo sentirá. Y, por supuesto, me estoy refiriendo también a los hombres.

Hay quienes tienen una habilidad especial para notar y poner nombre a este tipo de energía, pero a todo el mundo le afecta. Te guste o no, tú determinas la forma en que la gente, especialmente los hombres, se comportan frente a ti. Tus ideas, pensamientos y creencias sobre los demás repercuten en la manera en que ellos te tratan. La percepción es un acto de creación. Pensar que todos los hombres son por lo general estúpidos, insensibles, chauvinistas, o que no son de fiar, les incitará a comportarse precisamente de esa manera contigo. Es como si estuvieras empujándolos en esa dirección y luego dijeras: «¿Ves? Tengo razón. Todos los hombres sois un asco».

En su revolucionario libro titulado *The Hidden Messages in Water*, el doctor Masaru Emoto prueba científicamente que los pensamientos y los sentimientos afectan a la realidad física. Su experimento consistió en probar diferentes intenciones sobre moléculas de agua congeladas, y descubrió que el agua a la que se le habían asignado pensamientos cariñosos como «gratitud», «gracias» y «te quiero» mostraban patrones moleculares hermosos, simétricos y complejos, similares a los de los copos de nieve, con intensos colores. Por el contrario, el agua expuesta a pensamientos negativos como «te odio» y «me enfermas» mostraban patrones moleculares incompletos, distorsionados y asimétricos, con colores oscuros y turbios.

Cuando piensas que casi el 75 por 100 del cuerpo humano está compuesto de agua, no es difícil ver que pensamientos como «Todos los hombres son un asco» u «Odio a los tíos» seguramente no te convertirán en una mujer irresistible.

IRRESISTIBLE PROPUESTA DE ACCIÓN

Para dejar de alimentar la batalla contra los hombres, analiza de qué manera podrías estar participando en ella. Recuerda que solo podrás detenerla cuando tomes conciencia de cómo se produce. Las siguientes preguntas podrán servirte como guía:

1. ¿Permites que alguien humille a los hombres en tu presencia? Aunque no participes, estar expuesta a ese tipo de comentarios te priva de energía y afecta a tus posibilidades de convertirte en una mujer irresistible. Empieza a decir lo que piensas o aléjate de los «festivales de quejas» sobre la diferencia de géneros.

2. ¿Qué pensamientos o creencias sobre «todos los hombres» consideras verdaderos? Escríbelos. ¿Crees que sustentan o destruyen tu lado irresistible? ¿Estás dispuesta a entender que se trata de pensamientos obsoletos que posiblemente ni siquiera sean tuyos? ¿Puedes deshacerte de ellos?

3. ¿Hasta qué punto estás dispuesta a cambiar el mundo compartiendo tu punto de vista con amigas y familiares cuando surja una conversación en la que se aluda a la diferencia de géneros? ¿Podrías hacerlo de un modo que no hiera a nadie, sino que simplemente señale la futilidad de ese tipo de ideas?

Capítulo 7

Secreto 4: tus padres no te fastidiaron la vida (y aunque lo hayan hecho...)

> Lo que nos molesta no es lo que nos sucede a nosotros, sino nuestros pensamientos sobre lo que sucede.
>
> Epicteto, filósofo griego

Vivimos en una sociedad que tiende a echar la culpa del estado de nuestra vida a lo que nuestros padres hicieron o dejaron de hacer mientras nos criaban. Seguro que piensas que tus padres estaban demasiado encima de ti, que te controlaban y asfixiaban, o todo lo contrario, es decir, que no se encontraban lo bastante cerca de ti y que por eso tienes «problemas de compromiso».

Uno de mis mayores descubrimientos, que transformó por completo mi capacidad para ser irresistible y entablar una buena relación de pareja, fue entender de verdad que mis padres no me fastidiaron la vida. Hasta los veinticinco años, más o menos, yo creía tener una familia disfuncional y haber sufrido abusos leves en mi infancia. Me sentía totalmente a gusto culpando a mis padres de mis deficiencias y relaciones fallidas.

A los hombres con los que salía les contaba historias —«pobrecita de mí»— sobre lo mala que era mi madre y lo mucho que me había fastidiado la vida. La calificaba de «loca por la limpieza», neurótica, y estaba resentida con ella por hacerme recoger mis cosas constantemente.

Y en cuanto a mi padre, si bien no tenía tantas historias para contar sobre él, de todas maneras pensaba que trabajaba demasiado, y en silencio lamentaba que no me hubiese salvado de la maldad de mi madre.

¡Menuda chorrada!

Mi infancia no fue disfuncional, y tampoco sufrí abusos, ni siquiera mínimos. La única disfunción tuvo lugar en mi mente de mocosa consentida. Contaba todas esas historias de víctima basándome en recuerdos que reuní como una quinceañera difícil y en plena crisis hormonal a la que no le gustaba que nadie le dijera lo que tenía que hacer. (Tal como le sucede a una inmensa cantidad de quinceañeras en todo el planeta.)

Por aquel entonces no tenía conciencia de lo difícil que resulta tener hijos ni de las complejidades y exigencias que derivan de formar y cuidar de una familia. Como muchos otros niños, yo era muy desordenada, estaba ensimismada y necesitaba disciplina. Si miro atrás desde mis ojos de adulta, estoy completamente segura de que hice cosas que enloquecieron a mis padres. No me cabe duda de que dejaba el baño hecho un desastre, pegoteado de laca para el pelo, y que mi cuarto siempre parecía haber sido sacudido por un tornado. Los recuerdos de que mi infancia fue disfuncional no son ciertos en absoluto. Una versión de mí mucho más joven los registró en mi mente durante un período plagado de mal humor y berrinches. Mi perspectiva infantil era, por naturaleza, limitada e incompleta; pensaba que la educación que me ofrecía mi madre, muy normal y responsable, era disfuncional o abusiva. Pero hasta que tomé conciencia de mi error, cargué con la historia como si hubiese sido verdad, y con ello limité mi propia capacidad para resultar irresistible y entablar una relación plena, madura y satisfactoria con un hombre.

En realidad, mi madre es increíblemente cariñosa, extremadamente comprensiva y un verdadero ángel en mi vida. Agradezco a Dios haber recibido la educación que ella me dio; quién sabe en qué problemas me habría metido de no haber sido así. Y respecto a su «neurosis por la limpieza», es una verdadera diosa doméstica de la que, por fortuna, heredé el entusiasmo por mantener las cosas ordenadas y bien cuidadas.

En cuanto a mi padre, gracias a su éxito empresarial (lo que yo consideraba «trabajar demasiado»), desde el punto de vista económico siempre tuvimos todo lo que deseábamos y más. Incluso tiempo de calidad, puesto que salíamos de vacaciones en familia, viajábamos los fines de semana y pasábamos todas las fiestas juntos. Mi padre jamás faltó a ningún evento especial en toda mi vida. También debo reconocer que me ha transmitido su espíritu ambicioso y una poderosa ética laboral, que han alimentado mi carrera y la creación de este libro que ahora mismo tienes en las manos.

Si te aferras a la historia de que tus padres te fastidiaron la vida, limitas gravemente tus posibilidades en términos de amor y relaciones. Si no resultas irresistible es porque no te estás comportando como una mujer adulta plena. En lugar de asumir que eres un individuo auténtico y único, te estás quedando estancada en no ser como tus padres; en vez de vivir una vida expansiva basada en el descubrimiento de tu verdad, estás reaccionando ante tus padres, y para intentar demostrar lo mucho que supuestamente te han fastidiado la vida te has quedado a las puertas del éxito o has elegido malas parejas para simplemente tocarles las narices.

Todo este drama está erosionando tu bienestar y evitando que disfrutes de las satisfactorias relaciones de amor que mereces, tanto con hombres como con tus padres.

Y otra cosa. Te guste o no, nuestros padres son nuestras imágenes arquetípicas de los hombres y las mujeres. En otras palabras, nuestra madre es para nosotras la imagen primaria de una mujer, y nuestro padre es la imagen primaria de un hombre. Si nosotras, como mujeres, tenemos la idea de que nuestras madres nos han educado mal, que podrían haberlo hecho mejor o han sido madres «malvadas», de forma inconsciente nos estamos saboteando a nosotras mismas. Piénsalo. ¿Cómo podríamos convertirnos en mujeres maduras e irresistibles si nuestra imagen primaria de la mujer es imperfecta? La única manera de demostrar que nosotras también somos imperfectas sería continuar llevando una vida insatisfactoria.

Si estamos convencidas de que nuestros padres nos han criado mal, que deberían haberlo hecho mejor o que han sido «malos», continuaremos proyectando esa imagen masculina defectuosa sobre todos los hombres que conozcamos. No importa que se trate de un amigo, un jefe, un empleado o un amante. De manera inconsciente daremos por hecho que de alguna manera quieren hacernos daño o herirnos, o que, simplemente por su género, no podemos confiar en ellos.

Una vez más, a pesar de la creencia popular, no necesitas años de terapia para solucionar estas cuestiones.

Lo único que hace falta es conciencia y compasión. Investiga tu paisaje interior y comprueba si está poblado de reclamos antiguos. Observa lo que ahí encierras y no te juzgues por lo que descubras. Mira lo que hay sin sumergirte en una historia determinada. La verdadera conciencia basta para facilitar una resolución. De verdad. (¿No te dije que sería sencillo?)

Y AUNQUE LO HAYAN HECHO...

Ahora, ¿qué pasa si en realidad has tenido una infancia disfuncional? ¿Y si has sufrido abusos? De ninguna manera estoy sugiriendo que te hayas inventado el abuso ni que te hayas hecho una idea errónea al respecto; también suceden cosas trágicas y desafortunadas en la vida. Lo que estoy pidiéndote es que investigues de qué manera te está afectando el hecho de aferrarte a la historia del abuso. ¿Te impide salir con hombres? ¿Estás trasladando una historia de tu pasado al presente y permitiéndole alejarte de la experiencia de amor e intimidad que te mereces?

Oprah Winfrey sufrió abuso infantil y en la actualidad es un ejemplo de superación. Por si no te has dado cuenta, nada puede detener a esta mujer irresistible. Pero, al margen de su sorprendente personalidad, lo cierto es que se trata de una mujer como tú y como yo, así que si ella puede hacer algo, nosotras también.

Lo que impulsó a Oprah a deshacerse de la historia de su pasado fue su voluntad de curar el mundo a través de sus cualidades irresistibles. Existen millones de otras mujeres no tan famosas que han sobrevivido a la disfunción y al abuso, y que al igual que ella han descubierto la libertad que nace de librarse del pasado. La salida es el perdón: perdonarte a ti misma y a cualquier otra persona hacia la que sientas resentimiento por el mal que te ha hecho. A cada momento el universo nos ofrece una pizarra en blanco para que empecemos de nuevo. Utilízala; el pasado ya ha quedado atrás. Ha terminado. Solo podrá seguir atormentándote si tú se lo permites.

Preguntas irresistiblemente reveladoras

1. ¿Todavía te quejas de la forma en que se comportaban tus padres contigo cuando eras niña? ¿Cuánto tiempo dedicas a revivir el pasado? ¿Qué impacto produce esto en tu vitalidad? ¿Y en tus cualidades irresistibles?
2. ¿Te sirve de algo aferrarte a la historia de tu infancia? ¿Refuerza tu vitalidad? ¿Has conseguido entablar la relación de pareja que siempre has soñado?

IRRESISTIBLE PROPUESTA DE ACCIÓN

Escribe algunas historias de tu infancia a las que te estés aferrando, historias que te inspiren a pensar: «Pobrecita de mí». Ahora pregúntate si son precisas. ¿Es posible que tus recuerdos estén distorsionados? ¿Has pensado en lo difícil que resulta educar a los hijos, poner comida en la mesa y llevar una casa, una carrera y criar a unos niños consentidos?

Y si tu historia es, efectivamente, real, la pregunta importante en tu caso es: ¿y ahora qué? ¿Estás dispuesta a dejar atrás tu pasado para permitir que tu lado irresistible florezca por fin? ¿De qué regalos estás privando al mundo mientras permaneces atrincherada en tu pasado?

¿Estás dispuesta a deshacerte de la idea de que tus padres te criaron mal? ¿Estás dispuesta a convertirte en una mujer de éxito, expansiva y sumamente irresistible?

Capítulo 8

Secreto 5: olvídate de tu historia

> La verdad que crees y a la que te aferras
> te impide oír cosas nuevas.
>
> Pema Chödrön,
> escritora y monja budista

Cada mujer tiene una historia de vida. La tuya es tu trayectoria personal, tal como la recuerdas, desde el momento de tu nacimiento hasta la actualidad. Incluye todos los detalles de tu infancia, tu familia, dónde has ido al colegio y, lo más importante, las razones que has encontrado para explicar por qué eres como eres hoy. Pero engloba, además, aquellas cosas sobre los demás que tú consideras verdaderas.

Todas necesitamos reconocer que nuestras historias se basan en el pasado y que suelen afectar a nuestras relaciones personales, además de —por supuesto— a nuestras posibilidades de resultar irresistibles. Analicemos la cuestión más en detalle y veamos cómo hacerlo.

Cuando un hombre te pide que le cuentes algo sobre ti, tu historia personal suele ser lo primero que te sale. Así que por lo general te refieres a los hechos básicos, como tu edad, etnia, educación, ideología política y religión o creencias espirituales. Sin embargo, tu historia incluye también tus defectos y las distintas maneras en las que te etiquetas, como «No soy lo bastante bonita/alta/delgada/interesante/joven», «Los hombres no me encuentran atractiva», «Soy una mujer fuerte e independiente» o «Soy demasiado sensible». Aquí tienes más ejemplos de lo que contamos:

- Me va mal en las relaciones.
- No soy buena cocinera.
- Soy introvertida.
- Soy pésima con el dinero.
- Hablo mucho.
- No soy atractiva.
- Soy tímida.
- Soy perezosa.
- Soy demasiado mayor.
- Soy demasiado joven.

Cuando arrastras tu historia hasta este momento, suceden varias cosas. Primero, contaminas la frescura que impregna cada momento y limitas tu potencial, además de… ¡Ya lo sabes!: tu lado irresistible. Segundo, es posible que estés contando una historia que no es cierta. Por ejemplo, cuando estabas en sexto curso de primaria tu profesora pudo haberte dicho: «Eres demasiado alta, Jen. Vete atrás para que los demás puedan ver». Y también es muy posible que, a los trece años, hayas sido bastante grande para tu edad. Sin embargo, tal vez de adulta ya no lo eres. E incluso si eres alta, al poner la historia de tu altura por delante del hecho de que eres, ante todo, un ser humano, estás animando a que todos (en especial los hombres) se fijen en aquello en lo que tú te fijas y lo consideren entonces un elemento en tu contra.

Tercero, te quedas atascada en una profecía que tiende a cumplirse de forma natural, porque te crees tu historia e ignoras cualquier información que no apoye tu perspectiva. Es como si llevaras anteojeras y solo te propusieras reunir pruebas que demuestren que tu historia es real, rechazando por completo cualquier otra que pudiera sugerir lo contrario. Por ejemplo, si te aferras a la historia de que todos los hombres engañan, te encargarás de descartar cualquier dato que pruebe lo contrario. Mientras miras un programa de televisión es posible que veas que un hombre engaña a una mujer y pienses: «Ya ves, todos lo hacen». Pero, sin darte cuenta, lo único que consigues es perderte un montón de ejemplos de hombres fieles que también existen, porque esa información no refuerza tu punto de vista.

Del mismo modo, si te aferras a la historia de que los hombres no te consideran atractiva, no notarás ningún sutil avance romántico ni tampoco muestras de interés por su parte. Es posible entonces que, en una salida con amigos, estés hablando con un hombre pero no caigas en la cuenta de que él quiere salir contigo, porque eso iría en contra de tu historia de «no soy nada atractiva». Veamos ahora de qué manera la historia de una mujer destruyó de manera instantánea sus cualidades irresistibles.

DE LA MUJER PERFECTA A UNA PERFECTA PESADILLA

Ronnie tiene cuarenta y dos años y es soltero. Tiene una personalidad fogosa, un cuerpo fuerte y atlético, piel bronceada y unos ojos profundos y oscuros. Una noche, en un bar pijo de Nueva York, conoció a Sheila, una despampanante morena de ojos oscuros y cuerpo espectacular que muchos considerarían la mujer perfecta. Sheila y Ronnie hicieron buenas migas de inmediato. Bailaron y sintieron una innegable atracción mutua, pero después de unos veinte minutos de flirteo y diversión, Ronnie miró el reloj y se dio cuenta de que era mucho más tarde de lo que había creído. Tenía que volver a Brooklyn para sacar a pasear a su perro.

Decepcionado, explicó a Sheila que debía marcharse, pero añadió que le gustaría volver a verla. Y para su agradable sorpresa, ella le contó que también vivía en Brooklyn y se ofreció a acompañarlo a pasear al perro. Ronnie estaba en éxtasis: ¡aquella hermosa mujer que acababa de conocer iba a acompañarlo a su casa y saldrían juntos a pasear al perro!

Así que pagaron la cuenta en el bar y cogieron un taxi. Ronnie estaba emocionado. «Es magnífica —pensaba—, dulce, preciosa, vive cerca y le gustan los perros.» Llevaba ya bastante tiempo sin pareja y le entusiasmaba la posibilidad de iniciar una nueva relación. Pero lo que sucedió a continuación fue terrible.

Durante el viaje en taxi hasta la casa de Ronnie, Sheila se dedicó a contarle su historia. Empezando por una infancia problemática y pasando por una lista de ex no-

SECRETO 5: OLVÍDATE DE TU HISTORIA

vios no demasiado fantásticos, le reveló sistemáticamente hasta los más sórdidos detalles de su pasado con la esperanza de crear una conexión personal instantánea con él. Entre otras historias de terror, se empeñó en subrayar lo poco atractiva que se sentía y en pedirle una y otra vez opinión sobre su aspecto.

Ronnie, que al principio se había sentido feliz de que una «mujer perfecta» lo acompañara a casa, buscaba ahora la manera más factible de alejarse de ella todo lo posible. No podía creer que una mujer tan hermosa pudiera resultarle tan repugnante en cuestión de minutos. Pero las cosas empeoraron. En cuanto llegaron al piso, Sheila le insinuó que quería acostarse con él, y eso lo hizo sentir mal e incómodo. Las historias de la chica lo habían desmotivado tanto que rechazó su compañía y amablemente la invitó a marcharse.

«Fue increíble —comentó Ronnie—. Es una mujer de verdad despampanante, pero en cuestión de minutos se convirtió en el mayor chasco que he sufrido jamás. Carga con tantas cuestiones no resueltas que me quitó *todas las ganas* de acostarme con ella o de volver a verla.»

¿Conclusión? Para desplegar tu parte irresistible debes olvidarte de tu historia. Eso incluye las referencias a ex novios, ex maridos y ex infancia, así como todas esas ideas limitantes que te cuentas a ti misma (ya sabes: que no eres muy atractiva, que no eres lo bastante buena, etc.)

Si eres una narradora de historias empedernida, practica dejar de lado ese hábito y centrarte en lo que está sucediendo a tu alrededor. Habla sobre comida, decoración, música, amigos comunes, películas o temas de actualidad. Explica cuáles son tus pasiones. Permite que los hombres conozcan cómo eres ahora, en lugar de ofrecerles esa historia que tanto has ensayado sobre tu pasado. Y cuando hables efectivamente del ayer, hazlo partiendo de la seguridad que te confiere conocerte a ti misma. No adoptes el papel de víctima ni cuentes acontecimientos trágicos como si significaran algo (porque no significan nada). Reconoce que todas las experiencias que has tenido te han conducido a este momento y han contribuido a tu evolución personal y espiritual. El pasado ya no está. Ha muerto. No existe. Tu vida es *ahora*. Cuando te olvides de tu historia y te permitas ser simplemente quien eres ahora mismo, de forma instantánea te convertirás en una mujer más vital, más comprometida y —¡venga, todas juntas!— «más irresistible».

Un comentario importante: la sugerencia de que debes olvidarte de tu historia no implica que tengas prohibido hablar de tu pasado. Lo que debes hacer es tomar conciencia de cómo te expresas. No te quejes, gimotees ni adoptes el papel de víctima. Manifiesta lo que eres de un modo exento de dramatismo y de culpa.

SECRETO 5: OLVÍDATE DE TU HISTORIA

> **IRRESISTIBLE PROPUESTA DE ACCIÓN**
>
> ¿Cuál es tu historia? Elabora una lista de las ideas, creencias y teorías que hayas recopilado con el tiempo y que, hasta el momento de leer este capítulo, hayas considerado verdaderas.
>
> Ahora estúdialas. ¿Es posible que hayas estado contándote un auténtico cuento chino? ¿Y las historias como la de Sheila? ¿Cargas con un montón de quejas sobre el pasado que recitas una y otra vez para dejar constancia de todo lo que has tenido que superar o para probar lo mucho que te ha costado crear una relación de intimidad o despertar la admiración de un hombre? ¿Cuánto más irresistible serías si dejaras el pasado en paz? ¿Cuánto más auténtica y centrada te sentirías? Sin tu historia, ¿cuánto más fácil te resultaría que un hombre te quisiera de verdad?

CAPÍTULO 9

Secreto 6: deja de quejarte y dedícate a mirar por ti, o cómo y dónde conocer a más hombres de los que puedas imaginar

> Tú controlas aquello de lo que eres consciente; aquello de lo que no eres consciente te controla a ti.
>
> ANTHONY DE MELLO,
> sacerdote jesuita y escritor

¿Alguna vez te has parado a pensar en la cantidad de tiempo que pierdes quejándote (ya sea en voz alta o en la privacidad de tus pensamientos), y en que ese hábito te tiene tan ocupada que no consigues conocer a más hombres o no sabes dónde encontrarlos? Te cuento un gran secreto: todos los días pierdes oportunidades de conocer a hombres de calidad, y ni siquiera lo sabes.

Existe una ley en la física que establece que dos cosas no pueden ocupar el mismo espacio simultáneamente. En otras palabras, o bien te quejas de tu vida y de tu falta de tiempo para conocer hombres, o te dedicas a vivirla y a conocer gente. No puedes hacer las dos cosas al mismo tiempo.

Cuando tu parloteo mental sobre lo que va mal en tu vida te consume, tus posibilidades de resultar irresistible caen en picado. No importa de qué te quejes: el tiempo, el tráfico, tu trabajo, el pelo (que hoy tienes fatal), los hombres, las mujeres, tus padres, el presidente;

cualquier tema te vendrá bien, y todos producen el mismo efecto trágico.

Lo que sucede es lo siguiente. Cuando te quejas internamente, te pierdes en tus pensamientos. Cuando te pierdes en tus pensamientos no reparas en lo que está sucediendo a tu alrededor. Eso quiere decir que en lugar de centrar tu atención fuera para ver a quién tienes alrededor y qué está pasando, te preocupas más por tu conversación mental (léase: «festival de quejas») y pasas por alto innumerables oportunidades de conocer hombres.

Desde el punto de vista energético, cuando estás perdida en tus pensamientos te conviertes en un sistema cerrado que está emitiendo la señal «No estoy disponible». En otras palabras, reduces las probabilidades de conocer a alguien porque, espiritualmente, no estás abierta a nada.

Por qué deberías olvidarte de tus dramas

Las quejas, ya sean silenciosas o verbales, repelen a los hombres. Cuando te quejas, estás discutiendo con *lo que es*; estás afirmando que la vida no es como tú crees que debería ser. Esto te coloca en el papel de víctima y produce estrés y ansiedad a tu cuerpo. Y sobra decir que el estrés provoca un efecto negativo sobre tu aspecto: envejecimiento prematuro, empeoramiento del acné o la psoriasis y —mi favorita— una subida del cortisol, la hormona del estrés que desencadena un aumento de la grasa abdominal.

Dicho esto, tienes que entender que a los hombres les atrae mucho más que el aspecto físico de una mujer: les atrae la forma en que les haces sentir. Y las mujeres que no se quejan les transmiten bienestar porque reflejan que *se sienten bien*.

Cómo puedes conocer a más hombres ahora mismo

¿Te cuento cuál es la forma más sencilla de conocer a más hombres? Deja de quejarte y dedícate a mirar por ti. De eso se trata. Puedes conocer a muchos hombres *en cualquier parte*, empezando hoy mismo. Lo que más importa es tu actitud. En lugar de dar una fiesta sobre penas privadas, practica redirigir tu atención hacia fuera y comienza a conectar con todas las personas de tu entorno, simplemente por diversión. No importa si son hombres o mujeres, jóvenes o maduros, casados o solteros: se trata de que comiences a relacionarte con gente en lugar de perderte en tus pensamientos. Valen carteros, banqueros, tenderos, dependientes de Starbucks, compañeros del gimnasio, policías, maestros y personas que te cruzas por la calle.

No te preocupes si no sabes qué decir. Un simple «hola» y una sonrisa es lo único que necesitas. Aleja la atención de ti (y de tus quejas interiores) y dirige tu irresistible energía hacia el mundo. Alegra el día a alguien sonriéndole sin ninguna razón. Ayuda a alguna persona; sujétale la puerta, ofrécele el asiento o tiéndele la mano. Bendice en silencio a quienes te rodean. Te sorprenderá lo que sucede. Empezarás a conocer gente sin cesar y te sentirás notablemente más enérgica y vital. Vivirás acontecimientos sincronísticos mucho más a menudo. Estarás en sintonía con el universo y notarás que la vida fluye con mucha más facilidad.

Cuando alejas la atención de ti y de tu diálogo interior, la gente lo nota. Y a partir de entonces los encuentros casuales suelen convertirse en amistades, conexiones comerciales o incluso citas. De forma natural aprenderás a comunicarte mejor y te sentirás inexplicablemente más agradable y relajada.

Acostúmbrate a involucrarte de forma constante con tu entorno en lugar de quedar atrapada en un aislado bucle mental de quejas. No dejes de centrarte en lo que está sucediendo ahora mismo, ya que así te entrenarás para ser expresiva y vital, dos cualidades irresistibles por naturaleza. Este es el arte del «pleno compromiso», una capacidad que implica volcar tu presencia total —es decir, tu energía mental, emocional, física y espiritual— en lo que estés haciendo. No importa si estás en la cola del banco o dando una cena; activa tu atención e intención plena, y gracias a ello vivirás en el momento y no en tu cabeza. Piensa en la participación. Piensa en ser un «¡Sí!». En lugar de desperdiciar el tiempo perdiéndote en tus pensamientos, vive tu vida con plena conciencia y entusiasmo. Cuando alguien pida un voluntario, levanta la mano. Cuando suene la música, baila. Cuando haya que lavar los platos, lávalos.

El secreto para ser una mujer irresistible consiste en habituarse al pleno compromiso con todo lo que se hace, minuto a minuto. Pero atención: no puedes simular esa clase de compromiso para intentar conseguir una cita o conocer a más hombres. Eso sería una manipulación, y el gesto tiene que ser auténtico. Así que practica por la simple diversión y satisfacción de sentirte completamente despierta y por el reto de involucrarte de modo entusiasta con tu vida.

Ser irresistible de verdad tiene que ver con ser una mujer vital y comprometida, y la forma más sencilla de conseguirlo es saliendo de tu cabeza y entrando en tu vida. Habla con otras personas, al margen de que no sean posibles «candidatos». Conecta con todo el mundo: animales, plantas, ancianas, bebés. Comparte lo que eres. Aprende a estar plenamente donde estás.

Preguntas irresistiblemente reveladoras

1. ¿Sueles quejarte de cosas sobre las que no tienes ningún control, como el clima o el tráfico? ¿Te ayuda en algo?
2. ¿Estás dispuesta a ver qué parte de tu vida estás desperdiciando ahora mismo con tus quejas? ¿Cuántos más hombres conocerías si alejaras tu atención de tus quejas y la dirigieras a tu entorno?
3. ¿Qué otros tipos de relaciones podrías entablar? ¿Amistades, contactos comerciales?

IRRESISTIBLE PROPUESTA DE ACCIÓN

Por un día conviértete en una «zona libre de quejas». Este juego es una forma divertida de hacerte tomar conciencia de la enorme porción de tu vida que pierdes quejándote, y tiene la ventaja de que puedes jugar sola o con amigas. Durante un día completo no te quejes de nada. Y eso incluye el clima, tu cuerpo, los hombres, el trabajo, los compañeros de trabajo, los políticos o el dinero. Cada vez que te pilles quejándote mentalmente o en voz alta, deja de hacerlo.

Capítulo 10

Secreto 7: construye tu vida y cuídala, o cómo conseguir que él quiera más y más y más...

> Si estás esperando que suceda algo para poder vivir y amar sin reprimirte, sufres. Cada momento es el más importante de tu vida.
>
> David Deida, escritor

Uno de los mayores secretos para atraer a los hombres es tener una vida plena y saber mantenerla. No como una forma de manipulación, sino a partir de un genuino sentido de la autoestima y un claro propósito para tu alma. Esto es lo que suele suceder cuando comienzas a salir con alguien que te gusta de verdad: tu entusiasmo es tan grande que sientes el impulso de verle todo el rato. Poco a poco descubres que no estás pasando demasiado tiempo con tus amigos ni con tus familiares, ni tampoco en el trabajo. Ir al gimnasio o participar en pasatiempos que normalmente disfrutarías quedan en segundo lugar cuando se trata de ver a tu chico. De hecho, el tiempo que pasáis juntos empieza a girar más y más en torno a sus propios intereses y no a los tuyos. Por ejemplo, si a él le gustan mucho los deportes, descubres que pasas cada vez más tiempo en bares deportivos o en casa de otra gente viendo partidos.

Después de unas semanas, la relación se convierte en

el centro de tu vida. Al principio te parece un sueño. Pero al poco tiempo comienzas a percibir algunos cambios no tan magníficos. Tus amigos dejan de llamarte (porque nunca puedes quedar con ellos), has ganado un poco de peso y no te sientes tan enérgica ni atractiva como antes. El trabajo no te resulta tan fascinante como hasta hace poco. Y en un par de meses te sientes debilitada y resentida, aunque no sabes bien por qué. El sexo ya no te parece tan estupendo tampoco y él está empezando a mostrarse distante. Delante de tus ojos, esta maravillosa nueva relación se está deteriorando de alguna manera, y se parece cada vez más a las que has tenido en el pasado.

¿Te suena? A muchas nos ha sucedido que, tras pocas semanas o meses de comenzar una nueva relación, nos encontramos perdidas y confundidas, y pensamos: «¿Pero qué diablos ha sucedido?». ¡Te has perdido a ti, mujer: eso es lo que ha sucedido! En lugar de mantener tu propia vida e incluir tu nueva relación en ella, has cometido el fatal error de entregarte a la danza del pretzel* y has hecho todo tipo de contorsiones para convertirte en quien supones que él quiere que seas y aferrarte así a la relación, a fin de tenerle contento.

El método de la danza del pretzel no funciona jamás. Alterar tu comportamiento o ser alguien que no eres es la receta del desastre. A él le atraes tú (la verdadera «tú») tal como eres, y no esa mujer que no tiene vida propia y solo se ocupa de su pareja. Aquí tienes más ejemplos de lo que significa bailar la danza del pretzel y olvidar la propia vida:

---

* Movimiento típico de un baile al estilo *swing*. Las parejas se cogen de las manos y entrelazan los brazos mientras siguen el ritmo de la música. *(N. de la T.)*

- dejar de lado planes con tus amigas para estar con él (en especial si te mientes a ti misma o a ellas sobre el tema);
- trabajar hasta tarde y/o marcharte temprano de la oficina;
- dejar de trabajar fuera porque es más fácil quedarte en la cama y acurrucarte contra él;
- abandonar actividades (clases, organizaciones, talleres) que te apasionan;
- desaparecer de la vida de tus familiares y amigos;
- no conseguir disponer de tiempo para nada que no sea él;
- dejarte estar.

Recuerda que eres una persona única con un propósito en la Tierra. Pero, de más está decirlo, el tuyo no es dejar de ser tú para encajar con la idea de lo que, a tu entender, tu pareja está buscando. Créeme, sé lo fascinante y embriagante que resulta conocer a alguien que te gusta de verdad. Quieres pasar con él cada segundo. Pero si bien no te estoy sugiriendo que te anules ni reprimas tu pasión, ni tampoco te impongo arbitrariamente que no pases tiempo con él, sí te sugiero que consideres otra posibilidad.

Intenta incluir tu nuevo romance en la vida que ya tienes. Expande tu mundo; no lo comprimas para ajustarlo al suyo. Ten la certeza de que cuando pases tiempo sola sin él, todo irá bien. (Y si no es así, probablemente se deba a que no se trata de la relación que quieres.) El hecho de que dos adultos maduros y plenos pasen tiempo separados alimenta la posibilidad de entablar conversaciones más profundas y de desatar una mayor pasión sexual cuando se reencuentran.

La conclusión es que puedes tener una vida plena, lo que incluye una carrera de éxito, amigos y familiares a tu alrededor *y también* una estupenda relación de pareja. De hecho, esa es la única manera de conseguir que una buena relación se vuelva mágica. Pero, por favor, tienes que entender que tener vida propia y mantenerla no es lo mismo que hacerte de rogar.

POR QUÉ «HACERTE DE ROGAR» NO FUNCIONA

Durante años, una gran cantidad de libros para encontrar pareja han recomendado la táctica de hacerse de rogar para manipular a los hombres y despertar su interés con la idea de atraerlos. Pero se trata de una maniobra tramposa (léase: repugnante) que refuerza la falsa idea de que una relación de alguna manera salva o convierte a la mujer en una persona completa. Si te haces de rogar, es posible que la táctica funcione por un tiempo, pero jamás producirá el tipo de amor a largo plazo, auténtico y satisfactorio que anhelas de verdad. Tarde o temprano las cosas cambiarán. Empezarás a presionar a tu pareja de una manera u otra para que pase más tiempo contigo, y cuando se niegue, te sentirás sola y herida y te preguntarás qué es lo que no funciona en vuestra relación.

Más tarde comenzarás a sentirte celosa e insegura. Te volverás analítica y pasarás gran parte de tu tiempo planificando maneras de conseguir que él te demuestre lo mucho que te quiere. Y entonces harás que se sienta confundido y decepcionado. Con razón, se preguntará qué ha sucedido con su chica, esa mujer interesante que tenía vida propia, y para ese entonces comenzará a alejarse, a actuar de forma distante y a dar cada vez menos de sí, hasta que la tensión se convierta en una gran pelea y te preguntes por qué tu hombre ha cambiado.

Tener vida propia y mantenerla = ser realmente irresistible

Es una nueva idea que deberías apuntar. Tener vida propia resulta verdaderamente irresistible, porque evita que tú y él os perdáis a vosotros mismos en la relación. Si te comparásemos a las personas con pilas recargables, tener vida propia sería un sinónimo de mantener la carga al máximo. Cuando dedicas todo tu tiempo y atención exclusivamente a él, no tienes ninguna posibilidad de recargarte de forma natural: la vida, tus amigos, tus actividades, tus aventuras, la naturaleza y el universo dejarán de «llenarte» y tu energía empezará a debilitarse: lo notarás en la forma en que te sientes y en el aspecto que presentas. Así que comienzas a tirar de tu hombre para recuperar tu energía, y entonces es él quien se siente agotado y resentido. Las conversaciones se vuelven aburridas; tú empiezas a actuar como una tiquismiquis y a dar la lata. «¿Qué quieres hacer?» y «Me da igual; lo que tú quieras» parece ser lo único que tenéis que deciros.

Cuando dedicáis todo vuestro tiempo, energía y atención uno al otro, ambos quedáis vacíos, y vuestra relación, que podría ser fantástica, acaba desgastándose. Así que recuerda que tener vida propia es una manera natural de mantenerte centrada, gracias a lo cual tendrás más que ofrecer a tu pareja y a las personas importantes para ti, y, por supuesto, a los distintos aspectos de tu vida.

Seamos sinceras. El éxito es sexy. Cuando vives una vida inspirada y enérgica, los hombres te consideran irresistible, porque *eso es lo que eres*. Invierte en tu salud, crea una comunidad, marca la diferencia, aprende cosas nuevas, diviértete y comparte tu persona con los demás. Eso es lo que motivará que tu chico quiera más y más y más.

Los hombres no difieren de las mujeres en este sentido. Quieren tener una pareja que sea expresiva, comprometida y activa en la vida. Quieren una mujer que pueda mostrarles cosas nuevas y se muestre interesada e interesante.

Curso básico para tener vida propia: conviértete en una reina del E&D

Una buena manera de tener vida propia y mantenerla consiste en centrar tu energía en convertirte en una reina del E&D (éxito y dinero). La primera vez que vi este término fue en el fabuloso libro de Karen Salmansohn titulado *The 30-Day Plan to Whip Your Career into Submission*. Y se consigue siendo una estrella en el trabajo. No me importa si preparas hamburguesas en McDonald's o diriges una importante empresa. Hazlo todo con excelencia. Sé puntual siempre, cumple con lo que dices que harás, aporta ideas, cuida de las personas que te rodean, soluciona problemas, sé un agente de cambio. ¡Dedícate a ser la mejor de tu sector, o la mejor del mundo!

Si has estado pensando en cambiar de profesión, tienes más razones todavía para convertirte en la estrella de tu trabajo actual. Actuar con excelencia ahora te hará coger velocidad mental y energía para ponerte manos a la obra y efectuar el cambio lo antes posible. También generará un buen karma. Cuando te marches, si es que finalmente lo haces, tus actuales empleadores te apoyarán redactando una buena carta de recomendación, y lo habitual es que dejen una puerta abierta por si en el futuro te interesara volver.

Si eres una emprendedora, busca formas de mejorar tu negocio. ¿Hay algún nuevo producto o servicio que tengas ganas de ofrecer? ¿Cómo puedes generar «fans» entusiastas a través de tu brillante servicio de atención al cliente? ¿Cómo puedes llegar a más gente con tu producto o servicio? ¿Puedes impresionar a miles, o millones, de clientes más?

No olvidemos la D de E&D. Tener vida propia y mantenerla incluye tener también una buena salud económica. Esta área es crucial, ya que muchas mujeres tardan en hacerse cargo de su «vida monetaria» porque creen (o la cultura las ha condicionado a creer) que aparecerá un hombre que se hará cargo de ese tema por los dos. Y esa actitud no es otra cosa que la antesala del desastre. Tú eres una mujer inteligente y capaz. Si de verdad quieres dar rienda suelta a tu lado irresistible, invierte en la salud de tus finanzas ahora y no dejes de hacerlo aunque empieces una relación de pareja.

Si te resulta complicado gestionar tu dinero, te recomiendo sinceramente a mi gestor económico favorito: David Bach. Es un reconocido escritor, autor de éxitos de venta como *The Automatic Millonaire*, *Smart Women Finish Rich* y *Smart Couples Finish Rich*, que ofrece consejos claros y directos que (esto es lo más importante) *sí* funcionan.

Recuerda que toda relación es una oportunidad de descubrir más sobre tu individualidad y de expandirte como ser humano, o, por el contrario, de hacer la danza del pretzel y retorcer tu cuerpo hasta convertirte en una versión más pequeña de ti basada en quien crees que tu pareja quiere que seas. A pesar de lo que tu mente te diga, lo que a tu chico le atrae es la verdadera «tú» —la auténtica, la que conoció al principio—, y no la contorsionada versión que crees que él busca.

Cuando te comprometes a ser tú misma desde el principio y a expresar tu verdad pase lo que pase, te evitas virtualmente todo el dramatismo, la angustia y la ansiedad de no saber cómo son las cosas, algo que muchas otras mujeres experimentan todos los días. Casi todas temen ser auténticas porque creen erróneamente que no son «suficientes» tal como son. Y esa mentalidad derrotista no solo está equivocada, sino que además destruye tu bienestar y tu capacidad para entablar una satisfactoria relación amorosa.

Ser tú misma y exponer tu verdad desde el momento en que conoces a un hombre es el secreto para que tus relaciones se desarrollen poco a poco de forma natural y auténtica. Y también es la clave para continuar siendo irresistible.

Sé tú misma. Explica lo que funciona para ti y lo que

no. Hazlo desde el primer día y no pares nunca. Este es el paso más poderoso que puedes dar en el comienzo de cualquier relación para convertirla en un éxito a largo plazo.

Hablando de relaciones de éxito, no confundas la longevidad de un vínculo con el éxito de una relación. El simple hecho de que una relación dure muchos años no significa que sea buena. Muchas parejas se aferran a una existencia miserable y exenta de vitalidad a la que llaman «relación» porque tienen demasiado miedo de quedarse solos o de afrontar la incertidumbre de lo desconocido. Vivir una vida de tranquila desesperación desprovista de amor verdadero, pasión y compañerismo espiritual no es la idea que yo tengo del éxito.

Te repito que las relaciones son la mayor oportunidad que nos ofrece la vida para crecer y evolucionar desde el punto de vista espiritual. Existen para que podamos descubrirnos, despertar nuestros corazones y eliminar las barreras que nos separan del amor. Cada relación que hayas tenido, o que tengas en el futuro, apunta a acercarte a tu divinidad y a tu capacidad para experimentar y expresar lo mejor de ti.

IRRESISTIBLE PROPUESTA DE ACCIÓN

Utiliza este capítulo para ampliar tus posibilidades en lo relativo a vivir una vida plena. Reconoce que sí es posible tenerlo todo. Permítete acostumbrarte a la idea de incluir cosas en tu vida en lugar de excluirlas. Piensa siempre en «una cosa y otra» en lugar de «una cosa u otra».

1. Apúntate a alguna clase o un taller en el que lleves tiempo queriendo participar pero que nunca te hayas decidido a empezar hasta ahora. Deja de esperar a «algún día» y empieza a disfrutar de una vida plena ya.
2. Investiga cómo actúas en relación con el dinero y el trabajo. ¿Has estado retrasando invertir en tu carrera o en la salud de tus finanzas? ¿Qué pasos tienes que dar para convertirte en la reina del E&D?
3. Practica mantener tu palabra ante ti misma y los demás, estés o no saliendo con alguien en estos momentos. Cuando digas que vas a ir al gimnasio, ve. Cuando digas que vas a ir a una fiesta, hazlo. Eso fortalecerá tu poder personal, de manera que cuando tengas una relación, ya habrás practicado mantener tu palabra.

Capítulo 11

Secreto 8: el envoltorio perfecto, o cómo ser una chica deliciosa, exquisita y sugerente, de las que vuelven locos a los hombres, todos los días del año y a todas horas

> El verdadero pecado contra la vida consiste en abusar de la belleza y destruirla, incluso la propia; en realidad, todavía peor si es la propia, porque nos ha sido entregada para que la cuidemos y nos responsabilicemos de su bienestar.
>
> KATHERINE ANNE PORTER,
> ganadora de un Premio Pulitzer

Seamos sinceras, ¿vale? Por muy «tías buenas» que nos sintamos por dentro, quienes no seguimos los dictados de la moda tenemos ciertas dificultades para salir al mundo y sentirnos fabulosas en el juego de las citas. Y si bien la mujer que eres resulta, sin lugar a dudas, mucho más importante que su aspecto físico a la hora de ser irresistible (¿te acuerdas de la pobre Sheila?), ¿qué necesidad tenemos de sabotear nuestro atractivo cuando no tenemos por qué hacerlo?

El envoltorio perfecto es el arte de conseguir que tu aspecto exterior se convierta en una extensión natural e irresistible de tu «tía buena» interior. Si tú eres de las que cree tener este campo dominado, te invito a que no seas tan presumida y continúes leyendo.

¿QUÉ ESTÁS VENDIENDO?

Te guste o no, nos estamos vendiendo todos los días, a todas horas. Nuestro aspecto revela muchos datos sobre nosotras, como por ejemplo nuestro estado civil, profesión, nivel económico, grado de autoestima, edad, religión, etnia e inteligencia, por nombrar unos pocos. La ropa que llevas, la manera en que te peinas y cómo te arreglas de pies a cabeza informa más sobre ti que las palabras que puedas llegar a pronunciar.

Casi todas nos negamos a ver lo que estamos vendiendo simplemente porque no estamos tan acostumbradas a ser nosotras mismas. No somos conscientes de cómo nos ven los demás, y nuestros amigos, familiares y socios suelen pensar que no les corresponde a ellos dar su opinión..., ¡si bien lo que ellos opinan podría cambiar nuestra vida! En cierto sentido, es como ver un episodio del programa de Donald Trump, *El aprendiz*. Los participantes no suelen darse cuenta de lo difíciles, incontrolables, malhumorados, infantiles y groseros que se los ve, porque están siendo ellos mismos, ni más ni menos. Pero para los espectadores queda clarísimo.

Del mismo modo, muchas mujeres se instalan en una determinada tendencia de ropa, o en un peinado, y se olvidan de avanzar con los tiempos que corren. Otras se decantan por un tipo de vestimenta que les hace parecer siempre en pijama. Algunas exponen una barriga flácida cuando en realidad deberían taparla y exhibir sus brazos torneados. Y luego están las que simplemente son muy despistadas en lo que a la moda se refiere y por desgracia no tienen a nadie que les diga: «¡Estás despedida!».

Afortunadamente, no te hace falta que un programa de televisión te descubra el arte del envoltorio perfecto. Lo único que necesitas es una mente abierta, deseo de explorar y ganas de probar nuevas posibilidades. Una amiga experta en estilo o bien una asesora de imagen profesional pueden ayudarte rápida y fácilmente a que te veas desde una nueva perspectiva. Tal como descubrió Heather, una de mis clientes, lo que estás vendiendo es: «Ven a por mí, cariño» o, por el contrario, «No me interesa demasiado».

La historia de Heather

Un día, mi cliente Heather —una consultora medioambiental de cuarenta y pico de años que aseguraba sentirse preparada para iniciar una relación— y yo estábamos sentadas frente a frente y hablábamos de su relación con los hombres. Su carrera marchaba viento en popa, se había comprado un piso en Nueva York y disfrutaba de una vida social floreciente. Sin embargo, tenía una duda muy clara: «¿Qué estoy haciendo mal, Marie? Los hombres no muestran ningún interés por mí».

«No me sorprende —le respondí—. El problema es que no estás vendiendo el mensaje "Soy una mujer sexy y disponible que busca una relación", sino más bien "Soy una mujer regordeta de mediana edad que no tiene ningún interés en los hombres".» Y era verdad: había creado una catástrofe estética bajo la cual ocultaba a una mujer verdaderamente sensual que, por supuesto, nunca quedaba a la vista. Heather, competente, encantadora y atractiva, escondía su voluptuoso cuerpo en unos vaqueros de cintura alta que le sentaban fatal, y que, para colmo, combinaba con holgadas camisetas de hombre... desteñidas. Usaba unos zuecos marrones polvorientos y un pañuelo amarillo en la cabeza. No era precisamente un estilo tentador. Sin embargo, como lo que ella buscaba era una opinión sincera, en ningún momento se sintió herida por mis comentarios. Por el contrario, comprobó que, por irónico que resultara, se estaba vistiendo de forma desaliñada para mantener alejados a los hombres. Porque, si bien estaba convencida de querer una relación, en realidad le aterrorizaba el posible rechazo al que las citas la expondrían. En aquel momento Heather se dio cuenta de que su deseo de amor e intimidad superaba con creces su miedo al rechazo y, sin juzgarse a sí misma por lo que había descubierto, de inmediato tuvo ganas de adoptar un *look* nuevo, más estiloso. A partir de aquella conversación ha empezado a llevar camisetas femeninas coloridas y faldas sueltas que complementan su voluptuosa figura. En lugar de zuecos, ahora usa unas sandalias fabulosas, además de otro tipo de zapatos de buena calidad. La ropa y los accesorios que elige resultan mucho más apropiados para la hermosa mujer que es, y demuestran que está disponible. Tampoco sigue usando pañuelos en la cabeza; ahora deja a la vista su precioso pelo castaño rizado. Está tomando clases de salsa y sale de compras con amigas que entienden de moda y la ayudan a encontrar prendas estupendas para su presupuesto y tipo de cuerpo.

La conclusión es la siguiente: tu aspecto exterior afecta a la forma en que te sientes. Puedes «envolverte» para resaltar tu aspecto más irresistible o, por el contrario, para suprimirlo. Y destacar tu lado irresistible no significa vestirte de manera provocativa ni inapropiada para tu edad o tus gustos. Significa cuidarte de un modo acorde con tu deseo de resultar irresistible y de entablar relaciones satisfactorias con los hombres. Se trata de tomar conciencia de en qué términos comunicas al mundo quién eres a través de tu aspecto.

El envoltorio perfecto es una cuestión de conciencia. Aquí te planteo algunas preguntas que deberías considerar para «sacarte el jugo»:

- ¿sueles vestir prendas que de verdad te hacen parecer y sentirte atractiva, o rezas para que alguien descubra a la diosa interior que se esconde bajo capas de camisetas, jerséis enormes y pantalones de chándal?;
- ¿cuándo ha sido la última vez que has escudriñado en tu armario para tirar tu ropa antigua, poco atractiva y nada favorecedora?;
- ¿te maquillas?; ¿cuándo ha sido la última vez que has actualizado tus cosméticos?;
- ¿y tu figura?: ¿mantienes un cuerpo fuerte y en buena forma o escondes tu atractivo detrás de una capa de perjudiciales kilos de más?;
- ¿sabes cómo vestirte según tu tipo de cuerpo?; ¿tienes claro qué prendas no deberías usar?

Recursos para crear el envoltorio perfecto

Verte bien quiere decir sacar el máximo provecho de lo que tienes, así que aprende a usar tus valores para tu beneficio. Una buena opción consiste en contratar un servicio de asesoría de imagen. Por un precio fijo, tu asesor o asesora te ayudará a revisar tu armario y «limpiarlo» de tal manera que solo conserves la ropa que mejor te queda. Muchos de estos expertos incluso pueden acompañarte a comprar ropa nueva y a crear estilos nuevos que te permitan salir del trabajo y dirigirte directamente a tu cita.

Una vía menos cara es la investigación en libros. A mí particularmente me encantan las chicas de *What Not to Wear* («Qué no debes usar»), Trinny Woodall y Susannah Constantine. Ellas aparecen en el programa de Oprah Winfrey y han escrito varios libros en los que enseñan a las mujeres a usar la ropa como una herramienta para sentirse geniales y tener un aspecto estupendo. Trinny y Susannah son unas magníficas guías, y te ayudarán a tomar conciencia de lo que te va bien y lo que no; gracias a ellas aprenderás, paso a paso, que modificar tu forma de vestir puede cambiar realmente tu vida.

Las revistas suelen ser también excelentes fuentes de inspiración y guía para quienes no están muy al tanto de la moda. Busca aquellas que incluyan páginas web, números de teléfono, direcciones de tiendas y precios de los artículos que exhiben en sus páginas. Muchas revistas muestran también un mismo *look* con diferentes precios, de manera que resulte accesible para todos los bolsillos. Por último, nunca desprecies el poder de una intervención de moda: invita a unas amigas a tu casa y pídeles que te ayuden a actualizar tu armario y a descubrir lo que mejor te sienta en estos momentos.

Peinado y maquillaje

Al igual que sucede con la ropa, tu peinado y maquillaje desempeñan un importante papel en lo segura y atractiva que puedas sentirte como mujer. Con la abrumadora cantidad de productos cosméticos que ofrece el mercado hoy en día, es fácil confundirse y acabar comprando cualquier producto nuevo. Por eso, una manera sencilla de encontrar el tipo de maquillaje que más se ajusta a tus necesidades es visitar la sección de belleza de un centro comercial de categoría. Lo que debes hacer es lo siguiente: elige la marca que en tu opinión se ajusta mejor a tu estilo individual y a tu presupuesto; pide cita para una clase de maquillaje y asiste con una idea muy clara de por qué estás allí. Si solo tienes pensado comprar uno o dos productos, infórmaselo a la persona que imparta la clase; valorará tu sinceridad. Y, por supuesto, asegúrate de aprender a usar correctamente cada producto para poder recrear tú sola el estilo de maquillaje que aprendas ese día. Si no puedes permitirte una cita en un centro comercial de categoría, puedes conseguir resultados similares en las tiendas de cosmética. Inspírate en las revistas, las recomendaciones de productos, las sugerencias de colores y las explicaciones.

A mí me gustan las cosas simples. Un toque de brillo de labios, una máscara ligera y una pizca de color en los ojos y las mejillas pueden hacer desaparecer una piel apagada y conferir un aspecto fabuloso en cuestión de minutos. En lo que al maquillaje se refiere, sin lugar a dudas menos es más. Un poco de maquillaje aplicado con gusto y pericia consigue grandes resultados. No olvides que las mujeres tenemos una belleza natural, en especial si estamos habituadas a llevar un estilo de vida irresistible.

En cuanto al pelo, apunta siempre a lo mejor. Un fantástico corte de pelo resaltará tus mejores rasgos faciales y te hará ahorrar tiempo y energía a la hora de prepararte para salir todos los días. Recórtate las puntas al menos cada seis semanas, e incluso más a menudo si te tiñes o llevas mechas. A mí me gusta usar los productos que me recomienda mi estilista. Así voy a lo seguro y, aunque me cueste un poco más, creo que merece la pena, porque consigo ir bien arreglada en todo momento.

Recuerda que todo importa

Las mujeres irresistibles prestan atención a los detalles, así que aprende a tratarte como si fueses un valioso diamante que reluce en cuanto lo pules un poco. Comprométete a mantener en excelente estado todo lo que tienes… y céntrate especialmente en ti misma.

En la vida, todo importa. Y podemos extender esta afirmación a tu aspecto. Una piel sana es tan importante como un pelo sano; unos buenos zapatos son tan importantes como un buen armario; y unos sujetadores bonitos son tan importantes como unas medias bonitas. Examina tu guardarropa, tus cosméticos y tus joyas. Busca rotos, manchas o desgastes que ya no tengan solución. Deshazte de cualquier cosa que no te haga sentir bien ni te aporte un aspecto estupendo. Realiza un inventario de tus zapatos, bolsos, sujetadores y ropa interior. Busca particularmente aquellos que estén demasiado usados o que ya no te queden bien. Si te da vergüenza usar algo o consideras que te sentirías fatal si alguien te viera llevándolo puesto, no dudes en descartarlo.

Sencillamente tienes que tomar conciencia de los detalles y comprometerte a mantener un aspecto limpio y fresco. No te sugiero que adoptes una manía obsesivo-compulsiva por la perfección, sino que experimentes la sensación de bienestar y satisfacción personal que deriva de tener las cosas que te rodean bien cuidadas.

No olvides echarte un vistazo general pero gradual. Acércate al espejo y observa tu piel, tus cejas y tus dientes. Si puedes conseguir asesoramiento profesional en cualquiera de estas áreas, aprovéchalo. Hazte una limpieza de cutis, ve a que te depilen las cejas y visita al dentista. Como me he proclamado adicta a las renovaciones, he visto más «antes y después» de los que te imaginas. Una de las maneras más rápidas y eficaces de mejorar tu aspecto es el blanqueamiento dental. Ya lo hagas en la consulta de un dentista o tú misma con los productos que se compran en la farmacia, reconozco que nunca deja de asombrarme el impactante efecto que produce una sonrisa fresca y blanca.

Lo más importante es que no corras mientras te preparas para el día que tienes por delante. Aplícate el maquillaje con cuidado; dispón de tiempo suficiente para lavarte el pelo y peinarte, lo cual te dará un aspecto limpio y fresco. Elige ropa y accesorios que te hagan sentir fantástica.

Haz todo aquello que sepas que te hará sentir irresistible por dentro y por fuera. Bebe agua, toma vitaminas y usa protector solar. Alimenta tu cuerpo con productos sanos y nutritivos que te aporten energía.

Con tantos libros, vídeos y revistas sobre salud y cuidados físicos, no voy a entrar en gran detalle sobre lo que debes hacer; sin embargo, basta decir que tu cuerpo está concebido para moverse. Nunca menosprecies el impacto que el ejercicio físico regular produce sobre tu lado irresistible. Los beneficios de la preparación física van mucho más allá de una figura fuerte y sana. Desde el aumento de las endorfinas (también conocidas como hormonas de la felicidad), que combaten la depresión de forma natural, al menor riesgo de sufrir enfermedades cardíacas y a la facilidad con la que se llevan a cabo las tareas cotidianas, verás que la recompensa supera con creces la inversión.

El entrenamiento de fuerza, el ejercicio cardiovascular y el trabajo de flexibilidad son las tres claves para conseguir un estado físico estupendo. Elige formas de ejercicio que incorporen estos tres elementos; busca clases y actividades que te motiven y diviertan. Como soy bailarina, a mí me gustan las clases que te incitan a moverte al ritmo de una música intensa, pero también me encanta la naturaleza espiritual del yoga y el intenso desafío que propone.

Por supuesto, lo más importante en cualquier programa de ejercicio es practicar con asiduidad. Si llevas mucho tiempo sin realizar ninguna actividad física, sé lo intimidante que puede resultar empezar. Confía en mí: nada te hará sentir ni ver mejor. Una de las mejores maneras de prepararte para el éxito es apuntarte a clases. La energía y la eficiencia de los grupos son imbatibles. Las clases suelen durar una hora y te aportan un increíble entrenamiento para la totalidad del cuerpo, mientras recibes las instrucciones y la motivación de un monitor profesional y de otras personas que se encuentran en tus mismas condiciones. Recuerda que eres un ser tripartito: mente, cuerpo y alma. ¿Por qué subestimarte? Todo lo que haces refuerza tu lado irresistible o lo anula. ¡Ve a por las tres partes de ti! Utiliza todos tus recursos para expresar al máximo tu vitalidad y tus cualidades irresistibles.

Preguntas irresistiblemente reveladoras

1. ¿Qué áreas de tu envoltorio personal necesitan más atención?
2. ¿Qué tipo de apoyo te hace falta?
3. ¿Cuándo has actualizado tu guardarropa por última vez? ¿Y tus cosméticos? ¿Y tu peinado?
4. ¿Hay algo que te dé vergüenza conservar todavía?
5. ¿Estás dispuesta a deshacerte de esos elementos y a disponer así de espacio para algo más nuevo e irresistible?

IRRESISTIBLE PROPUESTA DE ACCIÓN

Redacta una lista de las diferentes áreas de tu «envoltorio» que debes actualizar. Aquí te propongo algunas ideas:

- sujetadores y ropa interior
- cosméticos y productos higiene personal
- joyas y accesorios
- zapatos
- ropa de trabajo
- trajes de noche
- indumentaria deportiva
- pelo, piel y dientes
- calcetines
- chaquetas y abrigos

Ahora elige un área. Saca todo lo que esté relacionado con ella; pruébate cada elemento y comprueba si se ajusta a tus necesidades actuales. Dona, regala o tira todo aquello que no has usado en los últimos diez meses. No olvides tomar nota de lo que te gustaría reponer.

Consulta catálogos y revistas, mira en Internet y busca en tiendas: procura dar con alternativas más actuales y apropiadas para ti en este momento, con las que puedas resaltar tu lado irresistible. No te apresures; tómate tu tiempo y sustituye los elementos que tires a medida que encuentres otros que los reemplacen. Recurre a tu intuición y a tus amigas expertas en moda para que te ayuden a elegir lo mejor para ti. Si quieres tener un recuerdo visual de tu irresistible transformación, hazte fotos antes y después de cada cambio.

Una vez que hayas terminado con un área, elige otra y repite el proceso. Y sigue así hasta que todo lo que tengas sea una expresión clara y actual de tu lado más irresistible. ¡Diviértete con este desafío! Antes de que te des cuenta, habrás actualizado por completo tu aspecto de la cabeza a los pies.

PARTE 3

AHORA ORGANICÉMOSLO TODO

Si vamos en la dirección correcta, lo único que debemos hacer es continuar andando.

Antiguo proverbio budista

Capítulo 12

Las preguntas más frecuentes: veintiuna respuestas a tus dilemas más acuciantes sobre las citas

¿Alguna vez te has preguntado si tus dudas son una tontería? Yo claro que lo he hecho sobre las mías, en especial si tienen que ver con temas tan candentes como el sexo, la intimidad y el amor. Con frecuencia me he preguntado: «¿Es que soy la única que no conoce la respuesta a este tema?».

Con el paso de los años, he tenido el privilegio de escuchar las preguntas de muchas mujeres de todo el mundo. Siempre he admirado el valor que hay que tener para pedir apoyo, y no me cabe ninguna duda de que ese deseo de entendernos mejor a nosotras mismas y a la gente que nos rodea es la base de una vida de crecimiento.

A continuación encontrarás una recopilación de las preguntas más frecuentes que me han formulado, y que pueden actuar como una guía general sobre la forma de actuar que plantea este libro.

1. ¿Por qué no puedo olvidarme de mi ex?
Porque te estás negando a la ruptura. Recuerda que todo aquello a lo que opones resistencia, persiste. Y que aquello que ves de verdad, sin juzgarlo, desaparece. Tienes la posibilidad de continuar torturándote y torturando también a todos los que te rodean por negarte a aceptar la

realidad o, por el contrario, puedes aceptar que se ha acabado (sin juzgarte por ese hecho), facilitando que esos sentimientos desaparezcan de forma natural. Mientras tanto, comienza a divertirte y a comportarte como la irresistible tía buena que sabes que eres.

2. ¿Por qué desconfío tanto de los hombres?

Porque en algún momento has aprendido a hacerlo. Mientras crecemos, absorbemos información de tres formas: la oímos, la vemos o la experimentamos. Si te has criado en una familia en la que en numerosas ocasiones has oído que los hombres no son de fiar, lo más probable es que la idea pase a formar parte de tu «dogma». Si durante tu infancia comprobaste que los hombres no son de fiar porque fuiste testigo con tus propios ojos de que tu padre o cualquier otra figura masculina engañaban o mentían, muy probablemente estarás predispuesta a desconfiar de todos ellos. Por último, si de niña comprobaste que no se puede confiar en los hombres, ya sea por alguna forma de abuso o bien porque algún modelo masculino de tu vida no cumplía su palabra, estarás más que predispuesta a desconfiar de ellos. Todo esto es completamente normal y, por fortuna, lo único que necesitas para acabar con esta idea es tomar conciencia de lo que sucede en realidad.

3. ¿Por qué estoy obsesionada con que va a engañarme?

Esta pregunta tiene trampa. En parte, tu obsesión se basa en una serie de ideas predeterminadas, como acabamos de ver. Pero no es solo eso; también he notado que resulta muy beneficioso prestar mucha atención a cada situación y relación específica. Una posibilidad es que estés captando de forma intuitiva el hecho de que no puedes confiar en tu pareja y que posiblemente te esté engañando. Entonces tienes que estar dispuesta a investigar tu información interior y dilucidar si proviene de tus pensamientos (como la inseguridad habitual que no tiene relación alguna con los hechos reales) o de esa extraña sensación interior que aparece cuando sabes que algo va mal (llámalo presentimiento o intuición). Todo depende de lo dispuesta que estés a investigar tu propio paisaje personal y, lo más importante, a decirte la verdad... aunque no resulte conveniente ni sea lo que quieres creer.

4. ¿La diferencia de edad importa?

No, a menos que tú le des importancia. Nada tiene más significado que el que tú le atribuyas. Crear un estereotipo de los hombres según su edad es tan ridículo como clasificarlos conjuntamente por su color de pelo o por la talla de calzado que lleven. Si de verdad quieres resultar irresistible, deja de lado todas tus ideas sobre la edad y comienza a interesarte en las personas por lo que en realidad son.

5. ¿A los tíos les gusta que la mujer dé el primer paso?

Depende. Si te lanzas porque en lo profundo de ti crees que una relación solucionará todos tus problemas, entonces la respuesta es no. Si estás centrada, vives tu vida plenamente y resultas irresistible, la respuesta es sí.

Si encuentras un hombre con una «historia» según la cual necesita ser el agresor, entonces es posible que empiecen los problemas (y, en cualquier caso, ¿a quién le importa alguien así?). Los hombres solteros más maduros y equilibrados aprecian la atención femenina espontánea.

6. ¿Los hombres desean secretamente que cambiemos su forma de ser?
No.

7. ¿A los hombres les gusta que las mujeres los invitemos a salir?
A algunos sí y a otros no. Como has leído en este libro, las reglas no funcionan. Si quieres convertirte en una mujer realmente irresistible, la clave consiste en que te olvides de seguir reglas y desarrolles tu habilidad para investigar lo que resulta apropiado en *este* momento. Recurre a tu herramienta más poderosa (tu intuición) para que te guíe en cada caso.

8. ¿A los hombres les gusta que las mujeres les pidan lo que quieren en la cama?
¡Sí, sí, claro que sí! Dos advertencias: (1) no te refieras a lo que tus anteriores parejas solían hacer y (2) no le hables de forma condescendiente, como si ya debiera saber lo que tú quieres.

9. ¿De verdad los hombres prefieren salir con mujeres muy delgadas?
No. Los hombres prefieren salir con mujeres sexys y

ardientes de cualquier tipo y tamaño. A algunos les gustan unos kilitos de más para «tener a donde agarrarse», otros se decantan por mujeres delgadas sin nada de grasa y a otros tantos les gusta un término medio. No importa tu talla: lo fundamental es que seas irresistiblemente tú, cuidándote por dentro y por fuera.

10. ¿Hacerse de rogar funciona?
No. Vuelve a leer el capítulo 10.

11. ¿Cómo puedo conseguir que mi pareja sea más cariñosa?
No puedes. Los hombres son mercadería que debes aceptar tal como es. O los quieres o los dejas, cariño (vuelve a leer el capítulo 2). No pierdas tu tiempo ni tu energía intentando cambiar ni mejorar a nadie.

12. ¿Cómo sé que un hombre no tiene interés en mí?
Si no te llama casi nunca, o muy poco, o quiere que siempre seas tú la que llames; si nunca quiere ir a verte o insiste en que vayas tú a verlo a él; si dice que está muy ocupado, que acaba de salir de otra relación y necesita tiempo, que tiene «problemas de intimidad» o no le gusta acostarse contigo, entonces ten la certeza de que no le interesas.

13. ¿Cuándo es demasiado pronto para llevar a una nueva pareja a casa de mis padres?
No existen reglas para saber si es demasiado pronto para conocer a los padres. De todas maneras, casi todas las mujeres se apresuran en este sentido, porque esperan

mucho del futuro e intentan forzar que la relación pase al siguiente nivel. Lo mejor para ti, para él y para tu familia es que te relajes. Intentar acelerar las cosas por creer que así serás más feliz y estarás más conectada si todos se conocen es la receta del desastre. Si él es realmente «el hombre de tu vida», conocerá a tus padres de la manera más natural.

14. Si una mujer llama a un hombre después de la primera cita, ¿él se sentirá desencantado?

A los hombres les espanta la desesperación y la necesidad. Así que si actúas como una mujer desesperada y necesitada cuando lo llamas, sí, lo espantarás. Si tienes la idea de que una relación te salvará, sí, se sentirá desencantado. Si lo has llamado enseguida porque eres una obsesiva del control y te consideras una mujer fuerte e independiente que no tiene tiempo para juegos y quieres saber de inmediato si a él le gustas o no, desde luego que huirá de ti. Pero si no te dedicas a manipular ni te generas expectativas, entonces no, probablemente no se sentirá incómodo. El truco es que no te mientas a ti misma. Tampoco olvides que los hombres son cazadores naturales a los que les gusta un poco de persecución. No le quites el placer que siente al seguir sus instintos masculinos básicos.

15. ¿Está bien que haga preguntas a mi novio sobre sus parejas anteriores?

Sí..., si quieres torturarte. Preguntarle sobre su ex provoca que vuelva a pensar en ella. Si alguna vez surge una situación apropiada para hablar de parejas anteriores (de ambos), aborda el tema desde la neutralidad y la conciencia. Escucha de verdad y no hables mal de tu ex ni de la antigua pareja de él. Pero hasta que ese momento llegue, ¿qué sentido tiene desenterrar algo que ya está acabado? Centra tu atención en el momento y descubre quién es él en relación contigo.

16. ¿Hay algo que a los hombres no les guste hacer en la cama?

Con la posible excepción de incorporar a otros hombres (aunque hay hombres heterosexuales a los que les agrada esa alternativa), a la mayoría les gusta todo. Tu tarea consiste en asegurarte de estar limpia y fresca, pero lo más importante es que iniciéis la exploración sexual de manera divertida y ambos descubráis lo que mejor os funciona como pareja.

17. ¿Qué piensa realmente un hombre cuando te acuestas con él en la primera cita?

Depende. Si estás acostándote con él como una forma de manipulación para crear sentimientos más profundos, para gustarle y/o para que te quiera, o te has ido a la cama con él porque estás borracha, seguramente no pensará: «¡No veo la hora de presentársela a mi madre!». Los hombres no son estúpidos. Saben si estás usando el sexo como un artilugio, y entonces seguirán acostándose contigo para tener más sexo, o bien se olvidarán «convenientemente» de llamarte durante un mes o dos hasta que les apetezca de nuevo acostarse contigo. En cualquier caso, te considerarán material no adecuado para formar una pareja y entrarás para siempre en la categoría de «amiga con derecho a roce».

Cuando tienes las ideas claras, te encuentras centrada y no piensas que una relación te salvará, el sexo en la primera cita puede resultar muy divertido. Sin embargo, un gran porcentaje de mujeres sigue creyendo en lo profundo de sí que una relación las salvará. Así que, ante la duda, te sugiero que esperes.

18. ¿Qué significa que un hombre te diga que te quiere pero que no está enamorado de ti?

Significa que quiere cortar contigo pero no tiene el valor para decírtelo a la cara. Está haciendo todo lo posible para hacértelo saber con delicadeza y no herir tus sentimientos más de lo imprescindible.

19. ¿Qué quiere decir que un hombre asegure no estar preparado para una relación seria?

Significa que no quiere una relación seria *contigo*. No te engañes con este tío ni te acuestes con él una y otra vez hasta que esté preparado. No camines: ¡corre, huye! y vuelve a poner tu «yo» irresistible en el mercado.

20. ¿A qué se refiere un hombre cuando anuncia que necesita espacio?

A que quiere salir con otras mujeres o al menos alejarse de ti todo lo que pueda. No cometas el error de creer que es diferente debido a sus complejidades profesionales, familiares y de salud (etc., etc., etc.). Un hombre que de verdad te quiera y sepa lo fabulosa que eres no soportará la idea de no verte durante semanas o meses. Hay mucho soltero por ahí que moriría por estar lo más cerca posible de una chica sexy e irresistible como tú.

21. ¿Cómo puedo estar segura de que un hombre es el ideal para mí?

No puedes. A menos que te comprometas por completo en la relación que tienes ahora mismo, nunca lo sabrás. Como sugiere el refrán, «El césped está siempre más verde donde lo riegas». Hasta que tu relación empiece a recibir la atención que merece de tu parte, permanecerás en un doloroso espacio de dudas, pensando lo que deberías o no deberías hacer. Deja de contenerte y empieza a ser completamente sincera, compasiva y cariñosa con quien estás. La relación seguirá adelante o no. Pero no puedes saberlo por tu mente: tienes que escuchar lo dice tu corazón. Solo entonces descubrirás la verdad.

Capítulo 13

¿Y ahora qué?

¡Enhorabuena, señorita Irresistible! Ya has descubierto los secretos para hacer que los hombres te quieran y dispones de las herramientas imprescindibles para disfrutar de relaciones sanas y satisfactorias.

En la parte 1 has aprobado el «Curso básico para ser irresistible», y no solo has descubierto por qué tienes que ser una mujer irresistible, sino que también te has enterado de que has nacido para dejar tu huella en el mundo. Has aprendido asimismo que las relaciones son oportunidades espirituales, y que si bien pueden llegar a ser gloriosas, ninguna relación te salvará la vida ni te completará. Has tomado conciencia de que el ahora es lo único que tienes, que los hombres son mercancía que debes aceptar tal cual es y que, a pesar de lo que nuestra mente se esfuerce por conseguir, en el amor no se pueden tener garantías.

En la parte 2 has descubierto cómo descartar las reglas y tirar a la basura tu lista del hombre perfecto. Has aprendido a desligarte de la traicionera guerra de géneros y a deshacerte de esas historias del pasado según las cuales tienes algún defecto o fallo. Has reconocido también que dejar de quejarte te ayudará de alguna manera a conocer a muchos más hombres de inmediato, y que tener vida propia y mantenerla es la clave para permanecer centrada e irresistible en una relación. Por último, has explorado la idea del envoltorio perfecto y has aprendido formas sencillas de conseguir que tu aspecto exterior se convierta en una irresistible extensión de tu diosa interior. Recuerda que ahora mismo puedes expresarte desde el punto de vista espiritual, emocional y sexual. De hecho, este es el verdadero secreto para lograr ser irresistible de verdad y durante mucho tiempo. Reconoce que en este momento eres una mujer plena y completa. Y vive pensando que las cosas son como son. Si bien te resultará fascinante dar rienda suelta a tu vitalidad, piensa que también estarás haciendo un inmenso regalo al mundo. Porque el solo hecho de sacar a relucir tu lado irresistible está dando permiso a otras mujeres para que hagan lo mismo.

Ahora que has aprendido tantas cosas, no las mantengas en secreto. Cuenta a cuanta mujer te cruces que existe otra posibilidad. Dile que no tiene que manipular ni jugar a ningún juego extraño para conseguir lo que quiere de un hombre. Explícale que no tiene por qué ser falsa ni planificar estrategias para experimentar todo el amor, la atención y la satisfacción que desea. Cuando te encuentres con alguna mujer que esté perdida y busque una mejor manera de actuar, háblale de lo que has aprendido en *Haz que todo hombre te quiera*.

Estarás preguntándote qué sucedió con ese fantástico hombre llamado Josh del que te hablé. ¿Recuerdas al tío que prácticamente tenía un cero en mi lista del hombre perfecto? Pues nada, hace poco estábamos cenando en nuestra casa de la playa de Sag Harbor, Nueva York; era finales de verano y la luz anaranjada del atardecer bailaba sobre nuestras copas de vino mientras lo árboles se mecían suavemente en la brisa cálida. Era una de nuestras tardes típicas; nos habíamos sentado con las piernas cruzadas en el sofá y nos disponíamos a disfrutar de una comida casera y de una buena película. Aquella noche, sin embargo, resultó diferente y muy especial. Cuando llevábamos pocos minutos de película, Josh dejó a un lado su plato, apoyó la copa de vino y se arrodilló ante mí. Sonrió, me cogió de la mano y me pidió que me casara con él.

En ese instante supe que no se lo estaba pidiendo a una mujer que «había seguido las reglas» ni lo había manipulado para conseguir esa propuesta de matrimonio. Sabía que tampoco se lo estaba pidiendo a una mujer que lo hubiese presionado hábilmente para obligarlo a dar ese paso. Tenía la certeza de que no se lo estaba proponiendo a un producto de su imaginación ni a ninguna «esposa perfecta» fabricada a tal efecto. Me lo estaba pidiendo a mí, a la Marie real, con defectos, a veces loca y con frecuencia irresistible; a la mujer que ríe, llora, comete errores, adora el queso, está obsesionada con depilarse las cejas con pinzas y prepara una tarta de cangrejo buenísima.

Cuando por fin pude hablar, le apreté la mano, lo miré directamente a los ojos y dije: «¡Sí, me casaré contigo!». Fue uno de los momentos más dulces y cargados de amor de toda mi vida.

¿Esto significa que partiremos dichosos hacia la tierra del «felices para siempre»? Quién sabe. Mi única tarea consiste en vivir el ahora y decir la verdad, en este momento, y en el futuro ya se verá. Lo que sí sé es lo siguiente: ser lo más sincera, compasiva y cariñosa que pueda es mi secreto para resultar irresistible. Mi vida funciona cuando abro mi corazón, y eso me mantiene cuerda y me impide desviarme del camino. Cuando soy vulnerable, soy hermosa. Cuando me muestro expresiva y real en cuanto a quién soy ahora mismo, me siento viva hasta lo más profundo de mí. Estoy conectada, tanto conmigo como con las personas que me rodean.

Hagas lo que hagas, no silencies tu corazón. Tu capacidad para amar es más grande de lo que te imaginas. Tu «yo» irresistible es un don, y tus ganas de brindar amor y resultar irresistible es un milagro que nos afecta a todos.

Lecturas recomendadas

No olvides descargarte la *Guía para una acción irresistible*, que incluye todos los ejercicios de este libro, así como un programa de *coaching* de cuatro semanas de duración (solo audio) que te inspirará y te mantendrá centrada en el método *Haz que todo hombre te quiera*. Visita makeeverymanwantyou.com/actionguide para acceder a estos contenidos adicionales gratuitos y mucho más.

Si deseas conocer otros productos y programas de Marie Forleo, visita su web marieforlco.com.

Bach, David. *El millonario automático*. Nueva York, Broadway, 2003.

——. *Las mujeres inteligentes acaban ricas*. Nueva York, Broadway, 2003.

Chopra, Deepak. *Las siete leyes espirituales del éxito*. Madrid, Edaf, 1996.

Kane, Ariel y Shya. *Working on Yourself Doesn't Work: A Book About Instantaneous Transformation*. Nueva York, McGraw-Hill, 2009.

Katie, Byron, y Stephen Mitchell. *Amar lo que es*. Barcelona, Urano, 2008.

Tolle, Eckhart. *El poder del ahora. Una guía para la iluminación espiritual*. Madrid, Gaia Ediciones, 2013 (15.ª edición).

Woodall, Trinny, Susannah Constantine y Robin Mathews. *What Not to Wear*. Nueva York, Riverhead Books, 2003.

Acerca de la autora

Marie Forleo es una dinámica emprendedora que enseña a la gente a ser auténtica, expresiva y vital a través del poder de estar presente, de vivir en el aquí y el ahora. Marie, diestra oradora que aboga por afrontar la vida diciendo las cosas tal como son, posee un estilo que atrae a una amplia y diversa audiencia. Rompiendo los moldes tradicionales, se lanzó a una multifacética carrera como escritora, oradora, asesora personal, bailarina/coreógrafa y monitora de *fitness*.

Su trabajo ha aparecido en *The New York Times*, las publicaciones *Shape Magazine* y *Healthy & Fit*, y también en CNN.com, Forbes.com y HSN. Además, ha realizado innumerables entrevistas en radio y televisión. Como bailarina/coreógrafa y monitora de *fitness*, trabaja con empresas tan legendarias como MTV, VH1 y Nike, y colabora con importantes revistas femeninas, como *Self*, *Women's Health* y *Prevention Magazine*. Es autora de cuatro vídeos de *fitness* de gran éxito de ventas y tiene el orgullo de haber sido nombrada Nike Elite Dance Athlete and Master Trainer (un reconocimiento que concede la marca Nike a aquellos atletas que han superado sus limitaciones y han conseguido destacar a nivel profesional).

Entre los clientes de Marie figuran emprendedores millonarios, ejecutivos de grandes empresas, creativos profesionales y madres amas de casa que quiere alcanzar la excelencia y el bienestar mental, corporal y espiritual.

Marie, nacida y criada en Jersey, divide felizmente su tiempo viviendo en el West Village de Nueva York y disfrutando de sus vacaciones en la zona de los Hamptons con su actor favorito, Josh, y su nuevo y jovencísimo actor favorito, Zane.

Si quieres saber más sobre Marie, visita su página web marieforleo.com

En esta misma editorial

978-84-95973-89-4

LAS CINCO COSAS QUE NO PODEMOS CAMBIAR

Y la felicidad que hallamos cuando lo aceptamos

David Richo

Esta obra muestra que cuando aceptamos y abrazamos las cinco circunstancias inevitables, descubrimos que son precisamente lo que necesitamos para desarrollar nuestro coraje, crecer en compasión y sabiduría y, en definitiva, alcanzar la plenitud y la verdadera felicidad que es nuestro derecho de nacimiento.

EL PODER DE LA INTROVERSIÓN

Tu vida interna es tu fuerza oculta

Laurie Helgoe

978-84-95973-95-5

El libro de Helgoe es amplio y multicultural, y describe algunas sociedades (sobre todo la japonesa y la escandinava) más compatibles con la introversión y donde esta se acepta mejor. En algunos de sus capítulos más útiles se explica por qué los introvertidos necesitan en sus vidas a los extravertidos, y por qué los extravertidos dependen de las aportaciones artísticas y la riqueza interior de los introvertidos. Helgoe nos habla con voz vívida y amena, y presenta con habilidad ejemplos tomados de la vida real de las situaciones delicadas en que se encuentran los introvertidos cuando se ven forzados a representar un papel en la sociedad o en su trabajo.

Para más información
sobre otros títulos de
Neo Person
visita
www.alfaomega.es